女富覺察

點石成金的

腦

《郝聲音》主持人
暢銷作家／企業講師
郝旭烈——著

你認爲金錢是好的樣子，

他就是好樣子。

你認爲金錢是壞的樣子，

他就是壞樣子。

郝旭烈

「透過一篇篇豐富多彩的人生故事，輕鬆學財商，同時能一口氣釐清大眾常見的投資迷思。郝氏金句連發，最具啟發的理財偈語，盡在其中。」

——**小車 X 存股實驗**│《給存股族的 ETF 實驗筆記》作者

「『財富自由』，你真正想要的『財富』？還是『自由』？郝哥這本《致富覺察》，不止教你創造財富的方法，更教你深刻覺察的想法。不管你想追求是『財富』還是『自由』，這本書，都能幫助你達成你想要的目的，誠摯推薦！」

——**王永福**│F 學院創辦人、頂尖企業講師

「通常有錢就不得閒，有閒就容易沒錢。讀完郝哥這本《致富覺察》，我保證你會有錢又有閒。不信的話，趕緊翻閱。」

——**吳家德**│NU PASTA 總經理、職場作家

「台諺云：『錢若有，不驚世事！』

《納瓦爾寶典》則開示：『錢雖然不能解決所有問題，但能解決所有跟錢有關的問題。』

《致富覺察》一書，是駕馭金錢馬車的繮轡。」

——**楊斯棓醫師**｜《要有一個人》、《人生路引》作者

「《致富覺察》不僅提供實用理財知識，更是自我覺醒之旅。郝哥引導我們發掘隱藏的致富機會，提升生活與財富認知，適合任何人生階段。誠摯推薦！」

——**趙胤丞**｜企管講師、顧問

「金錢帶來貪婪的欲望，也能帶來選擇的機會，在於你如何正確使用金錢工具，致富覺察將開啟你的金錢吸引力！」

——**鄭俊德**｜閱讀人社群主編

各界讚譽   004

作 者 序   **邀您細品三杯好茶** ☕   010

[第 *1* 步] **覺 察**

017

移除阻礙獲取財富的病毒

1 致富渴望：你到底想不想要賺錢？   018

2 金錢認知：錢在心裡是什麼樣子？   023

3 財商認知：你身旁朋友或家人有錢嗎？   028

4 聰明花錢：你認為花錢是好事嗎？   033

5 價值傳遞：你是個樂於分享的人嗎？   038

6 增值無限：開源重要，還是節流重要？   044

7 投資本質：股市就是賭博嗎？   048

8 資產定義：買房當存錢，真可以養老嗎？   052

9 現金流量：要多少現金在身邊才能退休？   056

10 當下無價：退休的定義和迷思   059

11 健康無價：有了退休金，就有幸福生活嗎？   063

12 替代方案：如何每天少喝杯咖啡，來盡早達到理財目標   067

13 視覺管理：刷信用卡消費好不好？   071

14 有借有還：信用卡帳單要不要及時繳？ 076

15 選擇陷阱：到底是租房好，還是買房好？ 081

[第 2 步] 觀察

087

聚焦致富之路

16 工作價值：工作只為賺錢，還是要找有興趣的才好？ 088

17 嘗試選擇：如何找到並選擇自己喜歡的工作 093

18 轉換方式：找不到喜歡有熱情的工作怎麼辦？ 097

19 遠離誘惑：如何控制想花錢的欲望 102

20 投入代價：自己煮飯比較便宜？ 106

21 沉沒成本：過去投入付出好多該不該放下？ 110

22 額外價值：賠本生意可以做嗎？ 115

23 閒置資產：無聊也可以偉大？ 119

24 第一桶金：必須先賺到 100 萬嗎？ 123

25 複利效應：要怎麼找到高報酬率的投資？ 128

26 循序漸進：每月要存多少現金才適當？ 133

27 關注時薪：工作收入不高怎麼辦？ 138

28 時間擴張：如何開展斜槓人生？ 142

財富會帶來更多財富

29 樂在其中：哪種理財或投資方式比較好？ 148

30 致富思維：理財投資太難做不到怎麼辦？ 152

31 陪伴無價：沒能力給孝親費怎麼辦？ 156

32 資源工具：定期存款到底好不好？ 161

33 被動收入：黃金值得投資嗎？ 166

34 獲利選擇：退休金提撥可以當成投資嗎？ 170

35 能力擴張：投資保守不好嗎？ 174

36 知識傳遞：怎麼挑選理財專員？ 178

37 獲利自律：只能靠投資賺錢而不能投機嗎？ 183

38 學習增值：什麼樣的投資最抗通膨？ 187

39 關注金流：如何看一家公司的前景？ 192

40 量入爲出：投資創業多久獲利才正常？ 197

41 生命週期：投資商品應該多久檢視一次？ 202

42 助人爲樂：如何建立有用的人脈？ 207

家庭財商

213

提升全家財商，幸福更有本錢

43 門當戶對：夫妻要怎麼共同理財？　214

44 潛移默化：你會和孩子談錢嗎？　219

45 生活財商：到底該不該給小孩零花錢？　223

46 以身作則：爲什麼生意囝仔難生？　227

47 獨立自主：如何培養孩子們主動積極態度？　232

48 保險規劃：意外發生緊急備用金該要多少？　236

自由 > 財富

241

你眞正該在乎的核心價值

49 一切由己：怎麼樣可以財富自由？　242

50 時間管理：該如何同時做好很多事情？　247

邀您細品三杯好茶

人生真的不長。

認真說起來，就算一輩子活到 90 多歲，也不過是只有三萬多天。如果把它換算成財富，三萬多塊真的不算多。

每多花一塊錢，就少了一塊錢。這麼一算下來，好像最珍貴的財富就是生命當中每一分每一秒。

畢竟，金錢可以越賺越多，時間只會越花越少。

試著想想，如果時間一如三萬多塊錢，

已經花掉的，買的東西值得嗎？

還沒花掉的，又想買些什麼呢？

這本書其實就想請您喝喝三杯茶，一杯「覺察」、一杯「觀察」、一杯「洞察」」，一起來淡淡回味那已經買的，和細細品味那將要買的。

覺察

哲學家庫利曾經說過：「我們不是想像中的自己，我們也不是別人想像中的自己，我們是自己想像中別人想像的自己。」

簡單來說，我們常常是活在別人對我們的認知裡。

要認真覺察活出想要的自己，

要認真覺察想過什麼樣人生？

不是活在別人的期待裡，

不是活在別人的嘴巴裡。

時間最貴，轉眼即逝。

我們常常習慣過著我們習慣的日子，但可能一不小心

忘了我們可以有不同的習慣，
忘了我們可以有不同的日子。

人生之所以有意義，
不是做了多少事情，
而是主動做了多少事情。

認真主動覺察自己獨特價值，不隨波逐流，才能活出生命中想要的那股激流。

觀察

從小聽過兩句話「讀萬卷書，行萬里路」就一直記得告訴自己，不要忘記去看看世界有多大。畢竟，

多看看這個不同的世界，
讓自己能有更多的遇見。

尤其，
沒有觀世界，
哪來世界觀。

觀察自己的想要，
體驗真實的想要。

我們沒有辦法每天看著鏡子中同樣的樣子，卻期待有天能活成不同的樣子。

除了覺察，
也要觀察。

世界這麼大，風景這麼多，不多去看看，不多去玩玩，怎麼知道自己可以有怎麼樣的樣子？

看看別人樣子，有沒有想要的樣子，才能有更多選擇，活成自己想要的樣子。

洞察

曾經有人問我，什麼叫做智慧？
我說「從觀察到洞察，就是智慧。」

不要只看結果，
要看看是什麼樣的原因得到了這個結果，
不要只看現在，
要看看是什麼樣的過去走到了這個現在。

想要擁有成功，
也要知道是怎麼樣把失敗變成了養分。
想要擁有財富，
也要知道是怎麼樣把付出變成了資源。
想要擁有健康，
也要知道是怎麼樣把自律變成了生活。

生命最寶貴的不是終點，
是每分每秒經歷的過程。

不僅觀察，
更要洞察。

不只是看見想要的表面，
更要理解過程中的後面。

誠摯邀請您細細品品這人生的三杯茶，從覺察、觀察，到洞察，在生命每刻一呼一吸之間，體會已經存在的富有，和期待想要的幸福。

第一步

覺察

移除阻礙
獲取財富的病毒

致富渴望

你到底想不想要賺錢？

——— **主要觀念** ———

賺錢要有渴望的目的

賺錢要有明確的好處

記得剛進入創投產業工作時，曾經聽到一個小故事，描述有位年輕創業家特別請教他心目中的經營大師，怎麼樣才可以創業成功？

沒想到大師聽完他的問題後，沒有直接回答，反而把這位年輕人逕自帶到了游泳池畔，邀請他一起跳入之後，接著竟突然用力把他的頭壓進水裡。

這位年輕人，在猝不及防的情況之下，不僅喝了好幾大口水，甚至驚恐失措地拚命掙扎；最後在快要窒息關頭，才被大

師放開了手讓他浮出水面。

就在他怒睜雙眼看著大師，想要質問他為什麼做出這麼失格行為的時候，即聽到大師和藹地說：「如果你對創業的認知，就像剛才在瀕死狀態，對新鮮空氣的渴望，對求生目標的追求，是一模一樣的態度；那麼你距離成功，也就不遠了。」

這讓我想到小時候，住在台中后里眷村，雖然資源非常匱乏，但是因為大家生活條件和環境都非常類似，所以或許收入不是很好，但是感覺生活卻非常自在，對於賺錢致富也沒有什麼太大概念。

在眷村，我們家住的是竹籬笆牆，只有鐵皮搭了個大後院當廚房，甚至沒有浴室和廁所。晚上要洗澡的時候，老媽就會拿個大鐵盆裝熱水，放在廚房地板充當浴缸。廁所則是用痰盂，方便完之後直接倒到側院大土坑裡，回歸大自然作為養分肥料。

直到小學六年級，因為父親從軍職轉任教官，被分配到了苗栗縣的高中，我們也就因緣際會舉家遷移，搬進學校教職員宿舍。

記得第一天看到新家，整個人都驚呆了，因為沒想到僅僅是公家宿舍租賃的房子，就可以有這麼棒的廚房、完整的淋浴洗澡間，還有從未見過的抽水馬桶。

從那一刻起，我告訴自己，將來一定要賺大錢，讓自己有能力買間讓家人能夠過上舒服幸福日子的房子。

特別是一定要有浴室和抽水馬桶。

現在想想真的是很質樸的嚮往，但是在那個年代，確實是不折不扣的遠大奢望。

尤其在我升上國中二年級的時候，父親因為生病驟然離世，龐大醫療開銷，加上母親要獨自張羅三個孩子的生活教育經費，常常心力憔悴，更讓身為家中長子的我，對於賺錢渴望日益熾烈、日益熱切。

當然這種渴望，也影響了我日後所有的行為決策，不管是做家教、去餐廳駐唱、參與直銷賣貨、開補習班、考證照，甚至最後讀完清華大學工業工程學系，又決定報考企管研究所，並選擇「財務管理」為主修。

　　這一切的一切，就是因為賺錢的目的非常明確，賺錢的好處非常清晰，能夠為後續賺錢的行動，提供最好的養份。難怪曾聽人說：

少年得志大不幸，
千金難買少年貧。

　　所以「賺錢」兩個字，到底：

只是可有可無的希望和想要？
還是即知即行的渴望和必要？

　　對於到底賺不賺得到錢來說，扮演著至為重要攸關的影響。認真思考「賺錢」這兩個字，你必須要有：

渴望的「目的」，
必要的「好處」。

　　才會讓賺錢化為「即知即行」的行動。這樣子的「想要」，才是「真要」。

試著列出讓自己賺錢最渴望的「目的」？並且將目的達成
之後，可以獲取什麼樣「好處」清晰表列出來。

金錢認知
錢在心裡是什麼樣子？

主要觀念

金錢存在的本質是中性
金錢認定的價值是人性

有次應朋友邀約，特別去參與一個心理醫師的演講，那次題目主要是探索人生追求幸福快樂的意義還有目的。

過程中，主講人最常強調的關鍵觀念，就是影響人生反應和決策的核心，從來都不是我們遇到什麼樣的事件，而是我們對這個事件的認知和看法。

他特別舉了個例子，說有次和同事一起要去赴約擔任演講的主講人，但是在路上不巧遇到大塞車，眼看時間一分一秒流逝，就快要來不及了。正當他急得如熱鍋上螞蟻，反觀他身邊

的同事，竟悠悠哉哉地看著窗外風景，嘴裡還哼著小曲，一副蠻不在乎的模樣。

這時候反而搞得他很疑惑了，不自覺地問道：「您不擔心遲到嗎？」

沒想到他同事幾乎立刻不假思索地回答：「我們學的專業，不就是別讓事件影響我們的情緒？而剛好碰到這樣子情況，不正好是個絕佳練習的機會？反正我們也沒法改變塞車，乾脆好整以暇地想想要演講的內容，說不定還可以把現在遭遇，當成是等會的案例來分享。」

這真是「一語驚醒夢中人」，瞬間讓這位心理醫師，重新調整自己的「認知」。也因為這次的聽講經歷，讓我重新檢視了有關金錢觀的建立。其實，金錢本身是中性的，從來都沒有是非對錯的分別。

不對富有抱持成見

所有人對金錢的價值觀和認知，大都來自於我們身旁周遭人們耳濡目染的影響。久而久之這個影響也融入了我們潛意識，然後一點一滴漸漸在這種價值觀和認知之下改變了我們的行為。

有位我非常尊敬的企業家長輩，常常在聊天時候都會和我分享，千萬不要把有錢人當作是敵人，也就是不要仇富，更不要對「有錢」之後的生活抱有任何成見。

假設你總是把有錢跟「奢侈」、「浪費」、「銅臭味」、「萬惡之源」等負面名詞連接在一起，那麼你骨子裡便會對金錢有著排斥感覺。這點就跟交朋友一樣，你不喜歡的朋友自然而然你不會靠近他，他也不會靠近你。

相對之下，如果我們總是把金錢和「幸福快樂」、「時間自由」、「公益濟世」、「捐款助人」等正面名詞放在一起。那麼我們也會對賺錢和有錢的觀念，變得非常積極、熱情。最終讓金錢變成我們喜歡和認定的好朋友，你願意靠近他、他願意靠近你，增加成為富有之人的機會。

關於認知的力量，還記得有個小故事，是描述有位信眾在聆聽大師講道之後，很虔誠的提問說：「要怎麼樣面對難題，不會亂了方寸，還能夠以平常心視之？」

大師不疾不徐地對他說：
「你可以試著對自己說兩句話……
如果這個難題真沒有辦法解決，那麼再怎麼擔心也沒有用。

如果這個難題有辦法解決，那麼也不需要擔心了。」

簡單來說，**我們無法改變事實，但是可以改變認知**。在學習財務思維和管理的道路上，不管想不想要致富，金錢本身是中性的，金錢價值觀源自於我們人性的認定。

你認為金錢是好的樣子，
他就是好樣子。
你認為金錢是壞的樣子，
他就是壞樣子。

認為是好樣子，
我們會想要親近；
認為是壞樣子，
我們會想要遠離。

金錢的親近和遠離，在於我們認知，以及想像成的樣子。

直覺列出 10 個對於「金錢」正面聯想的詞彙。並針對每個詞彙，描述出金錢可以讓這個詞彙實現的場景。

例如「公益」這個詞彙，就可以寫上「每個月固定捐贈 100 塊錢給弱勢團體」。

3

財商認知
你身旁朋友或家人有錢嗎？

─── 主要觀念 ───

我們無法成爲不知道的人
我們無法賺到不理解的錢

我常常在演講或者是授課過程中，會請教參與者或觀眾三個問題。

第一個問題通常是：「請問大家小時候，有沒有家長或長輩，要您好好努力用功讀書，將來長大才能夠找個好工作？換句話說，就是把求學目標，和找到好工作劃上等號？」

通常問完之後，幾乎所有人都把手給舉了起來。

接著問第二題：「那有沒有長輩或家長，要您好好努力用

功讀書，將來長大才能去創業賺大錢的呢？也就是說把求學目標，放在創業這條道路上面？」

這個時候就會發現，舉手的人可說是寥寥可數少得可憐。

最後當我再問：「有沒有家長或者是長輩，要您們好好努力用功讀書，將來長大才能變成像巴菲特一樣的投資家？也就是把求學目標，放在變成專業投資人的這個角色上面？」

想當然爾，到了這個環節，幾乎沒有任何人舉手了。

觀眾或者是學員們，甚至還會發出笑聲並竊竊私語地說：「我爸媽可能連巴菲特是誰都不知道呢！」

是啊，如果我們連巴菲特都不認識，就算他再有錢，再會投資、再會賺錢，我們也不會把他當成模仿對象和效法榜樣，當然也沒有辦法學習他的致富道路，成為像他一樣的投資高手。

這就是我常說的，
我們不可能成為我們不知道的人，
我們不可能理解我們不知道的事。

所以小時候常常聽別人說「生意仔難生」（台語），好像會做生意是一種「天賦」，是一種與生俱來的能力，不是後天培養，而是先天具備的。

但重點在於，如果我從來不知道創業或做生意是人生的一種選項，甚至身旁的家長或長輩，都不是這類做生意或創業的角色，我又怎麼可能知道原來做生意也可以成為致富的道路？

不懂，就去向懂得人學

曾經有一個白手起家的大哥告訴我，創業對他而言，是與生俱來血液裡流淌的 DNA。我聽完後，很好奇地問他，為什麼他會有這樣子的認知和感想？

他很得意的說道，因為他爸爸、媽媽、爺爺、奶奶，以及外公、外婆，都是白手起家的創業家，他從小就看著家裡做生意，不管是合作廠商，或者是來來往往客戶，全都是他日常耳濡目染的生活點滴。

所以他認為，做生意這件事情根本就是他骨子裡應該做的，不容置疑的傳承。

我聽完之後恍然大悟，什麼血液裡流淌的 DNA，根本就

是環境塑造人才，近朱者赤，見賢思齊。正因為父母親和長輩是他的好典範、好榜樣，慢慢一點一滴漸漸有樣學樣，不知不覺讓他變成了一個想要做生意的模樣。

難怪有人說，我們身旁最親近的六個人，他們平均身價，會等同於我們的身價。這個觀念的本質，其實說的就是旁人的認知和價值觀，會影響我們對理財和投資的觀念，進一步讓我們行為會越來越趨向一致，也讓財富水平逐漸趨同。

記得看《當幸福來敲門》（*The Pursuit of Happyness*）這部電影時，男主角極度窮困潦倒，雖有強烈賺錢欲望卻不得其門而入。後來在證券公司大樓門口，偶見衣著光鮮亮麗，開著豪車的經理人，忍不住走上前去問他：「我怎麼做才可以變成像你一樣有錢？」從那刻開始，他決定選擇靠近富人、觀察富人、學習富人、模仿富人，最終成為富人。

所以，如果想要成為富人，卻不知如何開始，或許可以就從「靠近」開始。

因為靠近，才會知道，進而做到，最後達到。

思考周遭有沒有讓你尊敬或是想仿效的企業家、創業家？
試著聯繫他、靠近他，向他請益，理解他是怎麼樣一步步
走到今天這個成就。並且開始行動，試著學習和模仿他努
力的過程。

4

聰明花錢

你認爲花錢是好事嗎？

主要觀念

賺錢就是爲了花錢
花錢也能爲了賺錢

很多人經常談到理財主題的時候，類似「不要亂花錢」或「省著點花錢」的字眼會不時佔據大家注意力。

偶爾我也會被朋友問道：「到底該怎麼花錢比較好？」「是不是該拚命賺錢，而盡量不要花錢？」

每次碰到這般詢問，我的答案非常直截了當：「錢，就是賺來花的啊！」賺錢不花，那還賺錢幹嘛？這不成了守財奴，或成了錢的僕人？

重點是要知道怎麼花錢，才不會坐吃山空、老大傷悲，最後孑然一身、孤苦伶仃？

換句話說，要學習聰明的花錢方式，來提升未來人生的生活品質。甚至透過聰明花錢方式的學習，達到理財目的，並進而為未來投資賺錢做準備。

我總結成三個聰明花錢的指導原則：
①量入為出
②被動收入
③投資自己

①量入為出

小時候父親每月發薪水的時候，都是裝在個類似信封的「薪餉袋」給老媽。然後老媽就會另外再拿出幾個信封，把這薪餉袋裡的錢，分別裝在這些信封裡。

我曾好奇地問老媽，這些信封是幹什麼用的？老媽說，他們分別是給爺爺、奶奶，姥姥、姥爺的「孝親費」，給我們孩子預留的「教育學費」，要給房東的「租金費」，每月的「水電瓦斯費」、「伙食飯菜費」，以及固定比例的「存款」。

換言之，老媽預先把收入放在準備要花的錢上面，還包含現在不花，但是未來才要花的「存款」上。如此在「有限資源」限制下的消費花錢，就不會超支，更不會有負債。

這種「量入為出」的花錢方式看似簡單，但對於避免自己過度花費，以及累積資產而言，是很聰明的做法。畢竟理財就是為了累積資產，為了未來的投資賺錢做準備。

②被動收入

記得在研究所畢業前夕，有位企業家學長臨別贈言，對我們這群即將踏入社會的新鮮人，語重心長地說：「以後你們剛進入職場，看到前輩花大錢買行頭或奢侈品，千萬不要隨便跟進亂花錢，因為他們花的錢，可能跟你不一樣。」

乍聽這樣子的建議，讓我們這些學弟妹都感到又迷惘又疑惑。學長繼續解釋道，前輩們工作多年，可能存在銀行現金就有 1,000 萬，假如年利率是 1%，利息收入每年就有 10 萬元。

簡言之，前輩每年都有「被動收入」10 萬元，如果他拿這筆被動收入，來添購行頭或買一些奢侈品，完全不會減損他所累積的資產；甚至還能夠為他增添價值，創造更多收入的機會。

但如果你是一個社會新鮮人，拿自己每個月辛辛苦苦賺的錢，也就是「主動收入」來買奢侈品的話，不僅會延後累積存款的時間，甚至創造更多被動收入的日子也要往後挪移了。

　　總的來說，針對**高價奢侈品或者非必需品**，最好拿「**金錢來賺錢的被動收入**」花錢，而不是拿「**時間來賺錢的主動收入**」消費，這樣才是聰明的花錢方式。

③投資自己

　　我們都知道，即使大家的消費水平和花錢金額類似，只要賺得錢越多，就有機會比他人累積更多資產，擁有更高的致富能力。但重點是，如何才能賺得錢比他人多？

　　最關鍵的要素，就是不斷投資自己，花錢在自己身上，提升自己知識、提升自己能力，進而提升自己價值。

　　這就是為什麼父母親常常耳提面命，要我們好好努力用功讀書？

　　又或者是父母親為什麼要花很多錢，去培養我們各式各樣不同的才藝？

　　重點就是希望讓我們能有足夠被社會認可的價值，才能有

更高收入，進而擁有更幸福的生活水平。所以不管是學習或教育的投資，都是自我價值的提升，都是墊高自己賺錢能力的花錢，也肯定是最聰明的花錢方式。

賺錢就是為了花錢，
花錢也能為了賺錢。

只要聰明花錢，就有機會越花越有錢。

思考練習

透過文中所分享的三種花錢方式，套用在自己身上，看看是否匹配，又或者有思考有哪些可以調整的地方。

5

價值傳遞

你是個樂於分享的人嗎？

----- **主要觀念** -----

分享的本質是儲蓄
儲蓄的本質是投資

在半導體產業工作的時候，有位我非常尊敬的長官常常在閒暇之餘，分享他的人生經驗和理念。

有次他請我們團隊聚餐，大家對著滿桌佳餚，不時舉杯向他道謝，反倒是他客氣地對我們說，其實請客是他最大的獲得，也是最好的投資。

我們聽完之後，都說老闆實在是太會說話太謙和了。沒想到他笑笑的對我們說出了他心中真實的感受。

他說，人到了一個年紀，尤其是功成名就之後，周遭會出現很多人，要你拿錢出來東投資、西投資。

如果礙於人情壓力，沒有經過足夠實地查核，又或者是感情一時沖昏了頭，連辨別真偽過程都沒有，就把錢投進去的話，那麼這種投資，本質上就和投機沒什麼太大差別。最後血本無歸，或者遭蒙欺騙而與他人失去交情，也就成了可以預見的事實。

相較之下，他認為花錢請三五好友享受美食、美酒，以及共度美好時光，不僅這些金錢價值全部是花在自己身上，並且讓所有參與好友，在他們人生最寶貴的資源，也就是「時間」和「生命」上面，留下了最甜蜜的回憶，這才是最好的投資。

他開心的總結，還有什麼其他花錢方式，是這種「請客分享」可以比得上的？

更遑論很多別人邀請他參與的事業投資，小則幾十萬，多則上百萬、千萬，如果把這些錢拿來請客，都不知道可讓多少好友，享受無數餐美好的時光了。

而且他說，類似這樣子的分享，不管是請客吃飯，又或者是知識交流，本質上都是一種「儲蓄」，如同將你的「好」透過分享，「存」在別人身上。

　　至於「儲蓄」本身，或者是說我們講的「存」，其實就是一種投資，讓你在未來有機會得到回饋和報酬。

　　分享的本質是儲蓄，
　　儲蓄的本質是投資。

　　或許我們心裡未必要把分享給別人的情分，帶有未來獲取報酬的心態。但所謂「交情」，不正因為有來有往的「交」流，才有越來越深的「情」分？

　　所以，我這位老闆說，樂於分享或者樂於給予，會讓自己成為三個關鍵的中心：

①朋友中心

　　懂得分享、給予或讓利的人，本來就很容易讓人喜歡跟他在一起。

　　除了朋友圈之外，回想我過去職場的點點滴滴，也遇過非

常多合作夥伴，或者是直屬老闆，通常大器或者是大方的人，總是比較有多一點的人願意跟在他身邊，願意協助他。

所謂「財聚人散，財散人聚」，似乎就是這個道理。

②資訊中心

一旦成為朋友的中心，自然會有更多資訊交流的機會。

曾經有位我非常尊敬的創業家前輩告訴我說，他人生當中許多重要的決策，都是來自於身旁周遭貴人的教誨和分享。

善待別人和虛心受教，也是一種樂於和別人「連結」的態度分享。而這種態度，很容易讓我們獲取到價值非凡的資訊，有助於我們人生各種不同的決策。

③財富中心

成為資訊的中心，有助於對決策的判斷，而所有的決策，不論是對人、對事或對物，其實都是一種投資選擇。

記得李笑來老師，在《通往財富自由之路》這本著作裡面提到，**人世間最重要的財富有三種，分別是「注意力」大於「時間」大於「金錢」**。

那麼所有決策，無論是「對人」維繫適當的關係；「對事」做出適當的應對；「對物」理解適當的需求，避免無知的樂觀。都能讓我們花進去的金錢、時間和注意力，得到預期的效益和回報，自然而然會讓我們成為財富的中心。

　　我非常喜歡的歌星伍思凱，有首歌〈分享〉是這麼唱的：

與你分享的快樂勝過獨自擁有
至今我仍深深感動
好友如同一扇窗能讓視野不同
與您分享的快樂勝過獨自擁有
至今我仍深深感動
好友如同一扇門讓世界開闊

　　分享從來不是用錢去收買他人，更不是打腫臉充胖子，禮輕也可以情義重。重要的是那份心。照顧友情，同時也照顧荷包，用心分享，才是聰明的分享、快樂的分享。

你喜歡和他人分享嗎？

通常是在什麼樣的情況下，跟別人分享什麼樣的事物？

而分享之後又是什麼樣的心情？

6

增值無限

開源重要，還是節流重要？

主要觀念

省錢節流會有下限
賺錢開源沒有上限

記得國中父親剛過世的那幾年，母親雖然從沒有收入的家庭主婦，到我們天主教會擔任幼稚園老師，開始有點收入；但是畢竟要養活我們三個小孩，壓力還是頗大。

所以「省錢」，也是「節流」，就變成我們家理財非常核心的習慣和概念。

在日常生活中，「能省就省」是老媽的口頭禪，也是老媽帶著頭，以身作則給我們看的示範榜樣。例如我們想喝蘆筍汁，但是一瓶罐裝蘆筍汁很貴，母親就買來蘆筍削好皮之後，

把裡面蘆筍炒菜吃，外面蘆筍皮就煮成蘆筍汁給我們喝，健康營養又實惠。

有時候買了我們喜歡的水果西瓜，裡面紅色果肉是鮮甜水果，而白色如同冬瓜的內皮，就被老媽炒肉絲當成菜餚，可以說是一舉兩得、一物兩吃。洗菜、洗米，或是洗衣服，甚至是洗澡的水，都用桶子或是大盆裝起來，可以沖馬桶一水兩用。更不要說隨手關燈，省電省錢的這種小習慣，都是生活日常。

畢竟，在媽媽收入有限的情況之下，又能夠讓我們生活還過得去，節流省錢，就是一件活下去必備的條件。但是再怎麼省，該花的錢還是得花，省錢不可能省到什麼都不花；所以在收入有限的情況之下，再怎麼想存錢也不是件容易的事情。

會省錢，更要懂得賺錢

直到我進了大學，開始自己掙錢之後，不管是擔任家教也好，到餐廳駐唱打工也好，賺取收入的機會越來越多。而在自己花錢習慣沒有改變的情況之下，收入持續地增加，也讓自己累積存款的速度明顯變快了。

這個時候才發現，雖然省錢很重要，但是再怎麼省，都有他的下限。

相比之下，賺錢更加重要。因為只要能夠不斷增加自己的價值，即使是同樣的工作時間，都可以創造更多收入。就像一開始我在餐廳駐唱，每小時才 160 元，後來不到一年多增加到將近一小時 500 元，等於我後來唱一個小時，是以前唱三個小時的收入。

更不要說，偶爾碰到專門來捧場的粉絲，唱了他們喜歡的歌曲，又或者是幫壽星唱生日快樂歌，有時候還會額外收到 500 到 1,000 元的小費。這個就是賺錢開源，只要能夠提供價值，便可以持續增值，不受限制的最佳體現。

除此之外，在我養成存錢習慣之後，我的存款越來越多，把它轉成高利息的定存，每年還會幫我創造更多利息收入，也就是不需要花時間去賺取的被動收入。

因此，我對賺錢有了更深體悟：

賺錢不僅用「時間」賺取主動收入，
賺錢更要用「金錢」賺取被動收入。

而對於開源賺錢，還有節流省錢之間，我也理解到：

省錢節流會有下限，
賺錢開源沒有上限。

所以說省錢節流固然重要，但是持續不斷地賺錢開源，讓自己從增加主動收入，到累積被動收入，才能慢慢邁向幸福的致富之路。

思考練習

你如何看待開源和節流這兩個概念？

會刻意省錢，幫自己存錢累積更多資源嗎？還是會把更多心思放在賺錢上面？在賺錢上面，主動收入和被動收入的比例又是如何？

47

7

投資本質
股市就是賭博嗎？

主要觀念

投資的本質要靠學習
學習的本質就是增值

有次邀請好朋友上我的 Podcast 節目「郝聲音」，請他分享甫上市的投資理財新書，而所有內容都聚焦在如何選擇股票來投資。

訪談過程中，他說小時候對於股票記憶，就是鄰居同校同學的爸爸，由於投資股票失利欠了一屁股債，最後落得把房子都賣掉必須搬家，也讓他少了一個超級好的兒時玩伴。

因為這個經驗，附近叔叔伯伯阿姨長輩們，都說股票就和賭博一樣，是個害人不淺的東西，千萬不要隨便碰，要不然一

不小心，可能搞得家破人亡、妻離子散。所以後來他爸爸媽媽耳提面命，將來如果存錢，千萬不能去買股票，最好放在銀行裡面，或者買房子經營房地產，還比較有前途。

說到這邊，他微微一笑，反問我怎麼看待這樣子的意見。

「你也認為不要投資股票，因為股票就跟『賭博』一樣，反而應該要把錢放在銀行或者房地產裡，比較安全嗎？」

我聽完忍不住哈哈大笑，回覆他說還真的問對人了。

因為我學生時代拚命賺錢，攢了不少積蓄，當兵的時候，聽信士官長們建議，一起買了某個大社區公寓，總價160萬元，寄望未來靠房地產大賺一筆。

沒想到這個大社區，多年之後因徵收問題，讓很多附近道路計劃和商場設施無法落實，以致於很多原買主爭先恐後地出脫，而我最後也以90萬元廉價售出，賠了將近70萬元。

但事後進一步了解，才發現如果當初事先多做點功課，知道還有這塊社區的土地計劃，很多仍存在非常多變數，或許我就不會急於購置，再多花點時間看看其他的房產物件，降低自

已賠錢的風險了。

聽完我的分享，這位受訪好友點頭如搗蒜，說道：「其實不管任何投資，你都必須認真做功課，如果投資不做功課，其實都是賭博；那就不是投資，而是投機。」

做足功課就是投資，
不做功課就是投機。

接著他推薦了由艾莉絲 · 施洛德（Alice Schroeder）撰寫的《雪球：巴菲特傳》（*The Snowball*），並說巴菲特之所以會成為這麼厲害的投資大師，就在於他每天不間斷的持續學習，增加他在專業上以及各種不同領域知識，提升他的決策品質和價值。

因此，不管是股票、債券、房地產，又或者是各種不同的投資商品，想要真正從中獲益，兩句話可以當作參考：**投資的本質要靠學習，學習的本質就是增值。**

認真想想，不僅在商品或財務上如此，就算是運動、飲食、睡眠，也是為了「健康」非常重要的投資，需要專業學習。否則，如果方式或觀念不對，搞得生病或者是受傷，那就得不償失了。

學習，才能增值，
增值，才是投資。

學習不在乎形式，不管是讀書、聽書、看 YouTube，或跟著厲害的人有樣學樣，也都是學習。就像我們運動教練常掛在嘴上的一句話：「**沒有慧根，也要會跟**」。

重要的關鍵是「知其然，知其所以然」；透過學習，把知識和經驗累積留在自己身上，就是別人拿不走的能力，就是增加自己寶貴的價值，這才是投資，而不是靠機率賭博的投機。

思考練習

想想看自己不管在工作、興趣，又或者是財務上，曾經有過什麼樣的投入和學習，讓自己不斷地增加知識能力，到最後提升價值的經驗？

_____

_____

_____

_____

_____

8

資產定義
買房當存錢，真可以養老嗎？

—— 主要觀念 ——

存錢是爲了增加財富
養老靠的是被動收入

我年輕時身邊長輩常常灌輸一種觀念：如果怕自己亂花錢，沒法把錢給存起來的話，或許可以去規劃買棟房子。

因為長輩們認為，在繳了房子頭期款後，接下來的房貸，會逼我們必須把錢存下來，當成繳交貸款的定期資金。久而久之，買房的這個動作，等同於幫助我們把錢留下來。而且上了年紀之後，就算沒有發家致富，至少還有棟房產，也可以作為養老的資本。

聽起來是非常合乎道理的一種做法，但實際上果真如此嗎？

　　以存錢來說，這個做法最重要的目的，是希望我們積累越來越多財富。如同把錢存在銀行或郵局，除了一點一滴的存款會讓本金持續增加之外，利息多少也能為我們帶來額外的被動收入。

　　雖然有人會說銀行的利息不高，一旦遇上通貨膨脹可能被吃掉。但我總會開玩笑地回說，其實不是利息不高，只是我們的本金太少。更何況每年的利息只有 1%，如果你本金有 100 萬元，每年利息也有 1 萬元；但如果本金有 1 億元，每年利息就會高達 100 萬元。

　　如果因為通貨膨脹，而不願意儲蓄存款的話，那麼到頭來即使你想投資創富，在沒有儲蓄資金的情況下，你也只能一籌莫展，看著機會白白流逝。

　　所以，理財最基礎的重要觀念「**為了累積財富而存錢**」，這點是無庸置疑的。

💲 累積資產，是為了創造被動收入

　　但是回到利用買房存錢的概念來說，若是為了投資獲利來增加財富，就必須認真做功課，才能避免像我上一篇提到，用 160 萬元買房結果以 90 萬元認賠殺出的經驗；不僅沒有讓財

富增值，反而讓資產大幅縮水。

所以我想分享一下羅勃特‧T‧清崎的名著《富爸爸，窮爸爸》（*Rich Dad, Poor Dad*）。他在書中提出了相當特別又有價值的「資產」概念，有別於一般我們財務會計裡放在資產負債表上的資產定義。

他說，所謂的「資產」是當你擁有之後，能夠持續不斷地把「現金」流到你口袋裡面的東西，才叫做資產。

換句話說，「資產」是一種可以產生我們心目中「被動收入」的事物。例如我們把錢存在銀行裡的利息，又或是購買高股息公司的股票來得到定時配發的紅利。這類你不用花個人時間去工作而得到的「被動收入」，而且還可以持續不斷地賺錢的「資產」，自然能夠讓我們的老年生活有所依靠，達到養老的目的。

再以買房這個概念來說，如果要創造被動收入，最簡單的方式就是當個房東，做所謂的包租公或包租婆。讓每個月的租金，持續創造被動收入成為我們養老的依靠。

因此，不管是買房、買股票、買債券，我們都必須先有存款才有資金進行投資。而任何投資都必須做足功課，才能讓我們買賣獲利的機會大增。

但如果是以養老為目的，那麼選擇符合《富爸爸，窮爸爸》定義的資產，能夠持續為我們帶來「被動收入」現金流的投資，或許才是最好的選擇。

思考練習

如果以《富爸爸，窮爸爸》的資產定義，你手邊有多少類似的資產？如果有的話，估算一下每年能夠為你創造多少被動收入？

9

現金流量
要多少現金在身邊才能退休？

—— 主要觀念 ——
退休從來不是一個固定時限
現金看的不只存量更看流量

在中國大陸淡馬錫工作時，我們曾有一位共事了將近兩年時間的年輕下屬。

每次和他聊天，他都說遲早有天要去世界看看，不想過上朝九晚五的日子，而要早點退休不讓自己被錢綁住。看著他訴說夢想，發光眼神的模樣，都覺得那份熱情應該會很快帶著他實現願望。

果不其然，就在我 2012 年回台灣的那年冬天，他發微信說自己申請到了澳洲的工作機會，啟動了走入世界的第一步。我們持續保持聯絡，後來我得知不到短短幾個月，他在當地租

房的過程中，無意間培養出對租屋市場的敏銳度和嗅覺。

結果他從一個租房的房客，變成二房東，半年後竟然從一間房子的二房東，成為五間房子的二房東，當上無實際房產的包租公。一年後，他竟然已經積累了足夠的頭期款，購置了兩間小公寓，成為了擁有房產的包租公。

有一天我們直接通話，他告訴我自己從沒有想到竟然可以在 30 歲前夕，達到不用為錢工作的狀態，也就是別人心目中的退休。

他能夠退休的原因，不是因為存了多少錢，而是他持續不斷又穩定的現金流入，亦即租金帶來的被動收入。他說：「**退休不只在乎現金存量，退休更要在乎現金流量**」。加上他本身的物欲不是很高，每月的主動花費遠遠小於被動收入，才得以讓他享有退休的感覺。

聽著他的訴說，我默默地拿了隻筆，在手邊的紙上面寫下了幾句話：

退休從來沒有固定時限，
退休必須要有被動收入。

57

退休的底氣在於「被動收入大於主動花費」。

就像我母親本身不是一位非常有錢的人，但是她胼手胝足的把我們三個小孩帶大的過程當中，非常節儉的攢了不少積蓄。這些積蓄存款所帶來的利息雖然微薄，但是媽媽本身的主動花費非常精簡，精簡到她的被動收入足以支付。

當然，她還非常有意識的在年輕時購買了許多保險，為自己還有家人任何可能意外所產生的重大經濟需求及早做了準備。所以她雖然不是存到一大筆錢才退休，但那些不用工作也能維繫生活的被動收入，最後成了最佳保障。

思考練習

以自己目前每個月的主動花費來看，如果要有超過主動花費的被動收入，你會想出什麼樣的方案，又需要花多久時間才能夠達到？

10

當下無價
退休的定義和迷思

主要觀念

不為想像的明天犧牲今天
今天是餘生最年輕的一天

記得 2015 年 9 月開始騎自行車上陽明山的時候，我很驕傲的把第一次登上風櫃嘴相片貼在社交媒體上面。

沒想到有久違未見面的朋友，私訊問說：「旭烈，你退休了啊？」我莫名所以地回覆：「我沒有退休啊，只是很開心地分享相片，慶祝自己能騎上陽明山而已。」

後來過了段時間，我又突破了自己目標，騎上陽明山的小油坑，這一次我同樣在社交媒體上分享這份喜悅。然後下方留言又有人恭喜：「看到您如此開心的退休生活，實在是為您高

59

興」。但我只是淡淡的在留言下方說，只是騎上小油坑而已，我並沒有退休。

又過了幾週，我終於解鎖騎上了冷水坑，一如既往的，肯定必須把這個破紀錄盛事，放在社交媒體上炫耀一番。

這次我有了心理準備，碰到了好幾位老友，不論是在發文下的留言或者私訊，面對陸陸續續恭喜我幸福快樂「退休」生活的訊息，我不再辯駁，而是一律回答：
「對，我退休了！」
「每天清晨 4:30 ～ 6:30，就是我享受退休生活的美好時刻。」

這個回應，不僅換來了很多好友恍然大悟的笑臉留言，更重要的是，讓我重新理解到一般人心目中對於「退休」的真實定義。

原來，退休從來不是一個特定的時間，而是只要能夠做自己想做的事情，做自己喜歡做的活動，就彷彿進入了退休狀態。

後來讀到了艾瑞克·喬根森（Eric Jorgenson）在其著作《納瓦爾寶典》（*The Almanack of Naval Ravikant*）中，集結了傳

奇投資人納瓦爾・拉維肯（Naval Ravikant）的歷年語錄，其中有一段對於退休的解讀，更是讓我心有戚戚焉。

大意是說，退休絕對不是當我們六十多歲，待在養老院裡面、坐在輪椅上，旁邊有位專業的看護陪伴，而這時我們只能夠望向窗外藍天和溫煦陽光，卻沒有辦法走出房間迎向大自然。如果是那種情景，而我們又期待很多事情都要「等」到退休之後才去做，那麼等待所換來的退休結果只會是一場淒涼。

所以，納瓦爾對於退休的定義是「**不要為想像的明天犧牲今天**」。尤其有另外一句話特別震撼人心，那就是「**我們永遠都不知道，明天和意外哪個會先來。**」

所以後來針對退休這兩個字的定義和提醒，我綜合了納瓦爾和自己騎自行車的體會，把「退休的真義」濃縮成了兩句話：

不為想像的明天犧牲今天，
今天是餘生最年輕的一天。

後來每當我把這兩句話分享給周遭好友，甚至是家人、學生，然後問他們什麼時候是最好的退休時點？幾乎大家都不會再把領到退休金的日子，當成是退休的目標，而會口徑一致的

大聲說出：「今天！現在！立刻！」

想想，確實如此。

只要在「當下」做自己的主人，決定自己想要做的事情，甚至是決定自己期待幸福快樂的情緒，我們就開始退休，我們就開始立刻享受我們原來期待的明天，開始立刻獲得想要的生活方式和生命態度。

何時退休？
就在當下！

思考練習

你有沒有哪些事情，是原來希望等到退休之後再去做的？學習完這堂課之後，你會想要提前開始你的計劃嗎？你打算如何進行？

健康無價
有了退休金，就有幸福生活嗎？

最近幾年因為書籍出版和線上課程推出的關係，常常接受很多媒體或電台邀約訪談，其中最頻繁被探詢的問題，就是當初為什麼要放棄大陸高薪的金融業工作，願意回到台灣過上類似退休的生活？

當然探究原因，其中之一是離家太久，畢竟漂泊在外，總是會想家；再加上女兒從幼稚園進入小學，再過不久要進入中學青春期，所以更急切地想要回來多花點時間陪伴她們，免得再晚一點，怕她們就不理我這個老爹了。

除此之外，還有另外一個非常重要因素，就是那時連續兩年健康檢查，都出現大量紅字，身體明顯亮起警示的紅燈。

甚至有次和朋友在聊天，大夥兒還互相調侃說：「不論在外頭賺了多少錢，假設身體健康不好，想想老婆年輕、孩子小，如果一不小心咱們自己給累掛了，然後一切都給隔壁老王接手，怎麼想都不划算也受不了。」

雖然是句玩笑話，但是在高壓生活和飲食不正常長期工作環境下，健康每下愈況，確實也是讓我決定回來想要過上退休日子的主因。

尤其剛從大陸回來那段時間，我明明不過四十多歲，但最大震撼是體力及精神大不如前。特別是有幾次和兩三位大我十多歲的大哥去運動爬山，竟然發現他們健步如飛、如履平地，比他們年輕的我，卻落在後面氣喘吁吁、拚命追趕而不可得。

那一刹那，我突然驚覺即使有一大筆可觀的退休金，如果沒有寶貴的體力和健康，也無法讓退休生活過得自在順心。所以我常說，賺錢固然是財富累積很重要的關鍵，但人世間最重要的財富，從來不僅僅是錢，而是生命中每一分每一秒的「優質時間」。

財富可以越賺越多，
時間只會越花越少。

然而，就算有了時間，一如退休之後的生活，雖不像工作上班繁忙，而有了更多餘裕；但如果沒有健康的身體，仍然無法好好把時間做最美好的運用，也就是雖有時間，但這時間卻不優質。所以說，

時間是人生最重要資源的量，
健康是人生最重要資源的質。

因此，僅管退休之後領到可觀退休金，或賺到可觀財富，但是在擁有大把時間情況下，如果沒有了健康，不僅無法善用時間，也會讓自己退休生活品質大打折扣。

這也是為什麼我從大陸回到台灣之後，除了好好吃、好好睡，還很認真地培養運動習慣，找回自己的精力與活力。後來不到幾年時間，我不僅瘦了將近二十公斤，讓自己看起來年輕有精神，也更能夠享受幸福生活每一天，熱情地看待自己所做的每件事。

所以很多人都說，當年華老去、體力漸失，是讓退休生活

品質不佳的原因，但我要說，

　　歲月是一把殺豬刀，
　　運動是一把雕刻刀。

　　只要願意，能夠多花時間照顧自己身體，吃好、睡好、多運動，保持愉悅心情，讓自己擁有最健康身心，這才是不論何時退休都足以自豪的最大財富與幸福。

回頭看看自己生活，除了努力工作賺錢之外，飲食和睡眠品質是否良好？有沒有花時間讓運動佔有生活一席之地，使自己保持在最佳健康狀態？

12

替代方案

如何每天少喝杯咖啡，
來盡早達到理財目標

主要觀念

節省小錢未必停止消費
尋找舒服節約替代方案

曾看過一本書《拿鐵因子：最小又最強的致富習慣》（*The Latte Factor*），內容是分享如何從小錢開始節省的理財概念。

簡單來說，就是不要小看每天少喝杯拿鐵咖啡這類的減少消費，如果可以每天省一點，長時間累積也是一筆可觀節約。只要認真分析我們每天的花錢和消費，很多時候是東一點西一點，一不小心讓這些錢如同從指縫間流逝的時間一樣，不知不覺將財富從身邊抽離。

雖然很多人都明白這個道理，我也常跟周遭友人分享這個觀念，但「知道容易，做到難」，尤其最核心的概念，就是常有人會和我反饋，說這些持續不斷花小錢的行為，有個非常重要又難以改變的因素——「習慣」。

「我就每天習慣要喝咖啡啊……」
「我晚餐習慣想要喝點小酒……」
「我飯後習慣要抽根煙……」
「我習慣讀書要聽訂閱定製的音樂……」
「我每週習慣去逛街買衣服……」
……

這些花錢行為，不管金額或大或小，重要的並非消費本身，更關鍵的是隱藏在消費行為背後所養成的習慣，可能會為我們帶來心理上的滿足和愉悅。以至於我們明明知道如此花錢會降低我們財富，卻沒有辦法阻止自己想購物的欲望。

💲 找出能欣然接受的「替代方案」

有位創業家曾告訴我，他創業第二年，由於碰上資金短缺的困難，不僅變賣了高級房車，改搭捷運巴士，甚至連每天喝一杯星巴克咖啡的習慣也成了負擔。

但每天清晨的咖啡香，早已成為他生命當中開啟重要一天無價儀式感。所以他退而求其次，轉而購買便利超商咖啡，也買了些濾掛式咖啡回來自己沖泡。沒想到「不試不知道，試了嚇一跳」。原來便利超商或濾掛式咖啡，除了價格便宜很多之外，也有不錯的品質。

更重要的是這種「替代方案」，不僅沒有扼殺他喝咖啡的習慣，也幫他節約了荷包裡的鈔票。

我身邊有朋友每天晚上都要喝點小酒，他們經常慨嘆，長久累積下來，這也是筆不小的花費。後來，我因緣際會認識了一位來自法國的藝術經紀人，他不僅在藝術領域造詣頗高，而且還因為喜歡品酒，代理了他走訪世界時品過的好酒。

他不時讓我們在「盲飲」的情況下，猜猜他推薦的酒和知名品牌好酒之間的差別，結果竟然常常是他推薦的酒勝出。更令人驚艷的是，他推薦的好酒價格出奇實惠，讓我那些喜歡每天小酌的好友們，在不改變既有習慣下，有了替代方案，享受之餘又能省錢。

另一方面，無論是音樂聆賞、知識吸收等各種領域，都有所謂付費訂閱頻道，或者是固定收費會員制度。當然，我本身

非常鼓勵大家透過付費，給這些音樂或知識內容的提供者應有的報酬。

　　但如果你收入有限，希望快速累積財富，卻想要維持持續吸收新知的習慣，不妨選擇另一種節約方式，例如以 Podcast 或 YouTube 相關頻道作為替代方案。如此一來，既不會讓自己因為立刻轉換習慣而感到不適，也可藉由「替代方案」讓自己的省錢理財計劃如願實現。

　　未必需要根除習慣，
　　可能只要換個方案。

思考練習

想想自己固定花錢習慣，不管是大錢或者是小錢，有沒有機會找到更實惠的替代方案，可以滿足需求，又能夠節省荷包？

13

視覺管理
刷信用卡消費好不好？

主要觀念

看得見的資源容易管理
看不見的資源不易管理

記得大學唸工業工程的時候，不管是參觀工廠也好，又或者是老師在教授生產管理的課程當中，都會不時地把豐田式「看板制度」（KANBAN）向我們分享介紹。

其實，「看板」（KANBAN）顧名思義就是看得到的板子，涵義類似招牌。換句話說，在工廠裡面，不管是原物料的庫存，或是進貨、取貨，都要有明確的「看板」紀錄，讓大家知道用了多少資源、進了多少資源，還剩下多少資源。而生產線上，也能利用看板，讓大家知道有多少正在生產的數量，多少是半成品，以及多少是完成的製成品。

因為「看板」讓大家一目了然所有資源的狀況，就可以及時管理資源，不會產生不必要的浪費和冗余。如此「視覺化」管理的觀念和工具，不僅適用在生產制度上面，其實對所有資源管理都可以產生有效的功用。

很多人常常和我大吐苦水，說以前沒有信用卡的時候，花錢都能量入為出，反正皮包裡有多少錢，口袋裡就有多少錢，甚至是老婆給多少花多少，那麼在有限資源之下，怎麼花都不會超支。

反而有了信用卡之後，這種「先花錢，後付款」的模式，讓自己消費沒有了限制，所以往往不小心花錢花過頭，甚至讓消費超過自己收入。

探究其原因，問題大多出在消耗資源或管理資源時，沒有把資源狀況「視覺化」，讓自己能夠清晰掌握。所以使用信用卡的過程中，可以加入「看板」概念，避免落入「盲目」消耗資源的窘境。

一般來說，依照每個人習慣不同，可以有三種類型看板制度，搭配信用卡使用，讓自己更清晰的掌握可用資源。

①看板一：記帳

很多人聽到「記帳」兩個字，可能會覺得非常麻煩。但事實上，現在大家都是人手一機，打開手機備忘錄，只要在每次花費時候隨手記錄，類似流水帳，幾乎不需要花費幾秒鐘的時間，就可以完成記帳。

況且還有很多記帳 App，能在記帳時候搭配玩遊戲，記錄越多得分越高，更是把記帳這份工作，變得非常生動有趣。

②看板二：存款

另外有種簡單方式，就是每天看自己信用卡花費發票總額有多少，把同樣金額或更多金額存在一個「支付箱」中。例如，某天回家盤點消費發票，計算信用卡花費了 1,800 元，那麼這時可以特別設置一個「支付箱」，在裡面存入 1,800 元或甚至比 1,800 元還多的 2,000 元。

這個目的說起來非常簡單，因為信用卡是先消費、後付款，我們真正擔心的是到了信用卡每月結帳的時候，消費總金額大於收入或手邊現金。所以如果我們不想記帳，可以透過這種「花多少，存多少」的方式，把「支付箱」當成我們的資源看板。

③看板三：回報

　　現在所有手機銀行，幾乎都會針對信用卡花費，提供即時回報功能，甚至可以查詢消費明細。如此一來，可以透過手機建立即時看板功能，只要每天簡單查詢當天信用卡消費狀況，或是當月累積消費總額，即可比對有沒有超過收入，有沒有過度花費。

　　　看得見的資源容易管理，
　　　看不見的資源不易管理。

　　總而言之，使用信用卡幫助我們快速消費、方便消費的同時，試著建立「看板制度」，讓自己看見資源、了解資源，才能夠掌握資源，管理資源，為自己的理財奠立良好的基礎。

看看自己在使用信用卡過程，是否有即時看板，瞭解現金
資源的使用狀況。

除了文章中三種看板之外，是否有其他不同方式，協助自
己建立視覺化管理？

14

有借有還
信用卡帳單要不要及時繳？

---主要觀念---

避免支付信用卡循環利息
就是爲自己賺取高額報酬

許多人都知道只要和我聊財務思維，我常常把「多存錢，少花錢」掛在嘴上。雖然是老生常談，但正因為持續不斷地累積財富、累積資產，才能有更多金錢去投資，帶來更多被動收入，並進一步賺取我們時間，讓我們人生有更多選擇。

不過，每當說到要「投資」，很多人會爲了琳瑯滿目各種不同工具、方法、指標，或者財務專業名詞而傷透腦筋。所以經常有人抓著我追問，有沒有比較簡單指標或方法，讓一般人更容易學習理解，使得財富穩定增長。

我會說：「有啊，就是關注『總資產報酬率』。」
問：「為什麼是總資產報酬率？」

其實答案很簡單，因為這是衡量到底我們可以「把資源增加多少」的一種比率。我常說「財務管理」，就是「資源管理」；而什麼樣的資源才需要管理呢？當然是「稀缺」資源。如果資源不是稀缺的，而是取之不盡、用之不竭的，我們也用不著花心思去管理了。

那麼投資最好的選擇，就是找到一個可以將稀缺資源最大化的方式，這也是「總資產報酬率」最本質定義。很多人看到這六個字，可能又覺得有距離或太過專業；這時候我會告訴對方，你就想像成是銀行利息，或者說是利率。

譬如今天有兩家銀行，一年的存款利率是 5% 和 10%，如果你分別把 100 元存在這兩家銀行，那麼過了一年之後，你查看存摺本，就會發現兩家存款，分別變成了 105 元跟 110 元。換句話說，一年存款利率是 10% 的這家銀行，他在同樣時間裡面，把你的財富變多了，也就是他的總資產報酬率比較高。

每當說到這裡，很多人會開玩笑的對我說：「郝哥，現在銀行的存款利率哪還有 10%，或者是 5% 的，能有個 1% 到 2%

都算是不錯的了。」

面對這樣子回饋，我通常會舉起大拇指對他們說聲讚，然後說：

「這就是為什麼很多人做生意，或是進行各種投資的時候，都會和銀行利率作比較。如果總資產報酬率比銀行利率還高，那當然類似這樣子的生意或投資，就值得做。但如果總資產報酬率還不到 1% 或 2% 的生意，自然而然就不值得去投資。還不如把錢存在銀行裡，不只安全有保障，還能獲利穩定。」

說到這裡，有時我會停下來問大家說，如果有一個總資產報酬率高達 15% 的投資，大家會不會選擇呢？

幾乎所有人聽到這裡，都會眼睛為之一亮，然後異口同聲的說：「肯定要選擇的啊？郝哥，是什麼樣子的投資案？」

我說：「就是不要欠信用卡的卡債，尤其是避免支付每個月因為欠債產生的循環利息。」

很多人不知道，信用卡的消費模式，看起來非常方便，非

常有效率，但這種「先消費，後付款」本質就是一種「欠債」。使用信用卡的我們形同欠債的債務人，而銀行則是賺我們利息的債權人。

如果我們每個月收到信用卡帳單準時付款的話，那麼除了在銀行眼中我們是一個信用良好的消費者之外，我們也可以享有不需要支付任何利息的權益。但如果我們沒有準時支付信用卡帳單，這時候我們債務就正式開始啟動了，而這樣子的利率最高將近 15%。

想想看，要賺 15% 的總資產報酬率如此的不容易，但是只要不欠銀行這 15% 的循環利息，不就等於為自己賺了 15% 的報酬率是同樣的道理。所以說，準時支付信用卡帳單，不僅是「有借有還，再借不難。」更重要的關鍵是：

**避免支付信用卡循環利息，
就是為自己賺取高額報酬。**

**賺錢，可以累積財富，
省錢，也能累積財富。**

回顧自己過去的信用卡帳單，有沒有因為逾期繳款，而被罰滯納金和循環利息的經驗？算算看其中的循環利率，亦即相對於銀行的總資產報酬率是多少？

如果沒有類似經驗，也可上網找資料試算，看看如果遲交信用卡帳單，所產生循環利率會有多高？

15

選擇陷阱
到底是租房好，還是買房好？

主動收入用時間賺錢是為理財
被動收入用金錢賺錢是為投資

　　每年我幾乎都會回到母校企管研究所，為即將踏入職場學弟妹們，分享自己在人生和職涯過程當中點點滴滴。也因為這層關係，我有機會和不同世代的年輕人交流、分享，讓自己可以常常把思維迭代更新。

　　對我來說，人生最大財富，從來不一定是已經擁有多少，更重要的是對未來不停歇的好奇心，以及對新事物持續不斷的熱情學習。畢竟，世界是不斷與時俱進，如果可以跟著世代演進而向前推移，那麼自己價值和財富，自然也會水漲船高。

有次在母校演講完畢之後，一位帥氣學弟過來和我聊天，彬彬有禮的問說：「學長，我現在剛找到工作，可是老家在南部，工作地點卻是在北部，不知道自己應該要買房好，還是租房比較好？」

　　其實類似問題，不僅很多年輕人問過我，甚至自己在剛踏入社會的時候，也常常會有這樣子疑惑。聽完詢問，我沒有直接回答，反問他想要買什麼樣價位的房子，以及需不需要貸款，有沒有支付頭期款的能力？

　　結果他很不好意思的回說，他沒有認真地去看過任何建案，只不過心目中房子大小和地點，直覺價位大概 1,000 萬左右，如果貸款 8 成，就需要將近 200 萬頭期款。接著又臉紅地對我說，他現在手邊並沒有 200 萬頭期款，家人也沒能力借他。

　　然後我拍了拍他肩膀說道：「如果你沒能力付頭期款，代表剛才的問題，也就是所謂買房或租房哪個好，你並沒有選擇權。所以目前你最需要做的，是拚命賺錢和存錢，千萬不要賺了錢之後，不小心花掉了；而要一直記住你想要買房子的這個目標，先把錢存到能夠支付頭期款這個額度。那麼你才有能力，問租房還是買房好。」

學弟聽完之後，很認真地點點頭。

看著他堅毅表情，我又溫暖地問他說：「假設今天你手邊有了頭期款，為什麼你會想要擁有自己的房子？」

他不假思索地說：「因為買房子就有機會增值，為自己賺更多的錢，所以我想要擁有自己房子，就是為了投資。」

「雖然房子有機會增值，但是房價也有可能會跌啊，不是嗎？」我問。

聽完我的問題，他又一下子給楞住了。

然後我接著問：「如果你現在手邊有了 200 萬頭期款，正準備要去買房的時候，突然知道有個非常確定的投資機會，不到一個月就可以把手邊 200 萬變成 400 萬。但是你想買的這間房子，並不確定房價什麼時候會漲。這個時候，你還會堅持要買那房子嗎？」

我一問完，他幾乎是立刻搖著頭，並且說當然不會買那房子，而會立刻把錢投資到一個月可以賺上一倍報酬的機會。

聽完他回答,我跟他分享其實「租房還是買房好」這個問題,要分兩個層次:

①理財層次

當我們沒有足夠頭期款,是沒有權利問這個問題,或做這樣的選擇。換句話說,真正唯一應該做的是拚命賺錢,拚命存錢,而正是累積財富第一層次「理財」的意義。

②投資層次

等有了頭期款,如果目的是為了投資,那麼最重要的從來不是「必須」去買房子。而是要認真思考、努力學習,有哪些選擇能夠為我們帶來更大價值。才是累積財富第二層次「投資」的意義。

主動收入用時間賺錢,是為理財,
被動收入用金錢賺錢,是為投資。

這才是「租房好,還是買房好」,帶給我們最大的啟發。

除了「租房好還是買房好」這個例子之外，試著再舉出其他例子，來體現先要「理財」，才有能力「投資」這兩個層次的思維。

第二步

觀察

聚焦於致富之路

16

工作價值

工作只為賺錢，
還是要找有興趣的才好？

---------- 主要觀念 ----------

人生或工作不僅賺取金錢財富
人生或工作更能賺取時間幸福

記得我從大學一年級開始就不斷接家教，除了希望賺取學費，幫獨立撐起家計的老媽減輕負擔之外，更重要的是也希望能多存點錢，不管是為未來念研究所，或是有另外創業工作打算，累積屬於自己的事業、學業初始資金。

雖然，家教收入不錯，而且在我認真教學下，一般家長和學生們的反饋也很好。但在心目中，卻很清楚感受到家教對我而言，就是份工作，只是為了謀生賺錢；並沒有什麼特殊體會，或是喜悅的成就感。

　　直到大二下學期，室友介紹我去當時新竹頗為知名的民歌西餐廳擔任駐唱歌手，這時我才重新打開了對「工作」這兩個字截然不同的認知。

　　記得當第一次坐上歌手座位，面對著台下聽眾，整個心情的興奮、喜悅，加上一點夢幻成真的幸福，完全感受不到是在工作，反而是有種沉浸在其中的陶醉。尤其當領到薪水的那一霎那，更是覺得有點不可思議。

　　畢竟平常和好友 KTV 唱歌還需要付錢，況且彼此還有可能搶不到麥克風，甚至就算搶到麥克風，唱歌時候也未必有人理你。沒想到如今，竟然會有個地方，唱歌不僅不需花錢，還可以賺錢；更重要的是，不但沒人跟你搶麥克風，大家還要乖乖待著聽你一個人唱。

　　當時就是一個感覺，「完美！」

　　甚至回想起來，如果即便駐唱餐廳老闆告訴我沒有薪水，我都有可能會答應做這份工作。更何況，我薪水後來在短短時間之內，因為幫歌廳帶來許多粉絲，而不斷飆高了好幾倍。而這也讓我驚覺到，原來「工作」不一定是無聊乏味、痛苦難耐；如果一旦找到自己興趣，而把興趣當成工作，那麼整個人感覺

就幾乎不是在工作，而是在享受了。

如果找到自己熱愛的工作，
那麼就等於不再需要工作。

⑤ 心之所向，賺取真正的價值

這也讓我想到了一位非常喜歡和尊敬的喜劇演員——金凱瑞（Jim Carrey）。他的幽默、風趣和表演方式獨樹一格，看似浮誇但是又常常深富哲理內涵。

如果深究他的戲劇和喜感天份，有一大部分要歸功於他父親。因為他爸爸從小在家庭聚會，就是個不時會把歡笑和幽默，帶給家人的開心果。所以他一直以為父親非常適合走類似喜劇、諧星或脫口秀的道路；因此當他父親任職穩定保守的會計工作，而不是他興趣和熱愛職業的時候，他很困惑地問父親，為什麼會做這個選擇？

然後父親告訴他說，因為選擇喜歡的工作風險太高，尤其是喜劇、諧星，不容易賺錢或成功，還是穩定保守一點好，就算不是自己喜歡的工作也沒關係。

　　諷刺的是，這份「穩定保守」的工作，也沒能保住金凱瑞父親飯碗，而在他父親失業之後，也讓他們家財務陷入了困境。這也是為什麼，金凱瑞後來一直堅持在「熱愛」的事業，而不是尋找別人心目中穩定保守，但是自己卻不想做的工作。

　　如同他 2014 年在愛荷華州瑪赫西管理大學（Maharishi University）畢業典禮上所說的：「就算做不想做的事情，都有可能會失敗，倒不如冒險去做熱愛的事。」

做不想做的事情都會失敗，
倒不如冒險去做自己熱愛。

因為做自己的熱愛，

人生或工作不僅賺取金錢財富，
人生或工作更能賺取時間幸福。

思考練習

想想自己在工作或者是生活上面，有沒有哪些方面是自己有興趣或熱愛，而在投入上面是從不計較得失？而這樣子的熱愛或興趣，思考看看有機會成為未來的工作或者是職業嗎？

17

嘗試選擇
如何找到並選擇自己喜歡的工作

主要觀念

想要有個好選擇
先要有很多選擇

　　有次接受電台訪問，訪談主題是和職場轉換以及斜槓相關的內容。主持人和我聊得非常開心，在過程中他除了問我如何橫跨半導體和金融銀行投資產業的機緣之外，也非常有興趣的詢問我在每個不同公司內的功能執掌。

　　而在當下，我便藉著機會細數曾經過去的工作內容，包含了生產製造、流程改善、專案管理、產能資本預算規劃、標準成本計算、投資評估、財務會計、大陸設廠評估、投資減免政策申請、技術移轉談判、合資購併、工業工程、產能配置、銷售、公關、法務、總務、金融機構分行建制等等……

問完了過去職場功能執掌之後，主持人又順道聊了一下我從大陸回來近十年的斜槓生活。

　　其實對我而言，一直沒有特別感受到什麼叫做「斜槓」，只是因緣際會別人給予的各種機會，我就願意接受不同嘗試。所以不管是線上課程錄製、書籍出版、音樂沙龍的主持和導聆、各種不同演講邀約、企業內訓，甚至是後來因為受託音樂團體開始製作的「郝聲音」Podcast，幾乎都是無心插柳柳成蔭的結果。

　　沒想到，這麼一聊下來才發現自己還真經歷相當多元化的生活跟職場嘗試。

　　接著主持人又知道我因為父親過世之後，母親一個人獨自帶著三個小孩，讓我這個家中老大對於賺錢這件事情，非常熱衷。因此又不經意地問了我在學生時代到正式職場前的打工生涯。然後我從家教開始，聊到曾經為了賺錢任職過餐廳駐唱、吧台打工、廣播廣告、電台主持、創立補習班、直銷經營、營養烹飪美妝講師，以及晚會主持人等等。

　　真的是「不說不知道，一說嚇一跳」。原來自己有過這麼多的嘗試，不經意之間也增加不少見識，才會在後來很多事情

上面，感覺好像有點初生之犢不畏虎的膽識。

嘗試帶來見識，
見識帶來膽識。

而最重要的一件事，就是每當別人詢問現在我做的事情是什麼樣工作的時候。我都可以立刻不假思索地說：「目前是在做我自己喜歡的事。」

很多人都說要找到喜歡和熱情的工作，需要的是運氣和老天眷顧。後來我才發現，要找到自己喜歡的工作，最重要關鍵是要有非常多的嘗試。因為如果沒有嘗試，我們就不可能知道對這些工作會有什麼樣感覺，什麼樣反饋，甚至是什麼樣的期待和使命。

就像《僧人心態》（*Think Like A Monk*）作者傑謝帝（Jay Shetty）所言：「**我們不可能成為我們不知道的人。**」

正因為過去的我，已經有了非常多的「嘗試」，非常多的「知道」，所以在潛意識裡，在流淌血液中，早就記錄了非常多的選擇，也才會在這些眾多選擇當中，去蕪存菁留下所愛和喜歡，也就是屬意的選擇。

想要有個好選擇，

先要有很多選擇。

電影《阿甘正傳》（*Forrest Gump*）中，主角阿甘有句經典台詞：「人生就像巧克力，如果你不去嘗試，你永遠都不知道是什麼樣的滋味。」是一樣的道理。

思考練習

可以列出自己在生命當中，曾經打工或者是正式任職過的經歷，看看是否可以在其中列出自己的熱情或是喜歡的評比。如果經歷不是很多，在不影響自己正職的情況之下（例如利用週末或者閒暇時間），能不能列出一些自己想要去嘗試的方向來豐富自己的經歷，擴大自己的選擇權？

18

轉換方式
找不到喜歡有熱情的工作怎麼辦？

—— 主要觀念 ——

如果找不到喜歡的工作
試著用喜歡的方式工作

找到自己有熱情又喜歡的工作，不管賺到的錢有多少，更重要的價值是能夠賺到生命當中最稀缺的資源——幸福快樂的「時間」。

常常碰到很多創業家分享，創業千萬不要只為錢，一定要喜歡創業本身這個過程，才能夠樂在其中，即使碰到任何困難，也能帶著笑容去面對。退一萬步想，就算到最後沒有賺到錢，也賺到了人生。

問題是很多人聽到這樣子觀點，心中便會打出個大問號：

「那如果我找不到喜歡又有熱情的工作該怎麼辦？」

其實這個問題也曾經困擾我一段時間，不知該如何回答是好。一直到遇見《心流》（*Flow: The Psychology of Optimal Experience*）這本書，不僅給我值得啟發的方向，並且讓我驗證了可行性。書中說，「如果我們找不到喜歡的工作，那我們就試試用喜歡的『方式』去工作。」

如果找不到喜歡的工作，
試著用喜歡的方式工作。

這讓我想到第一次開始寫書的經歷，那是在 2020 年初，正值新冠疫情萌芽還未嚴重擴散的時候。從來沒有寫過書的我，還記得第一天寫書，是既興奮又喜悅的帶著電腦跑到家裡附近路易莎咖啡，很有儀式感的買了杯莊園熱美式，聽著優雅環場音樂，準備開始自己的寫作之旅處女航。

結果正印證了那句話，「想像很豐滿，但現實卻很骨感。」

坐在咖啡廳從早上 9 點到中午 12 點，將近三個多小時的時間，已經很久沒有用電腦打字的我，在龜速輸出、匍匐前進狀態下，一共只敲出了將近五百多個字。飢腸轆轆加上挫折感

爆棚的生理心理壓力夾擊下，開始產生了自我懷疑……

「我是不是不適合寫書？」
「寫書這個工作也太痛苦了………」
「或許我對寫作沒有熱情吧？」
「我要不要回絕出版社啊？」
「看來寫作不是我喜歡的事情……」

然後在滿腦袋胡思亂想和 OS 之後，我闔上了電腦，準備回家好好吃頓午餐，療癒平復一下自己的心情。

就在回家路上，百無聊賴之下和女兒用 Line 聊了起來，在來來往往文字回覆當中，我突然發現為何女兒中文打字如此之快，幾乎是在我送出訊息不到幾秒鐘的時間，她就可以用一長串的文字反饋給我。我忍不住直接打電話問她，而剛好她在學校午餐時間，就和我聊了一會。

在下：「你打字輸入怎麼這麼快？」
女兒：「因為我都用說的啊，現在誰還用手打字啊，我大多是用語音輸入。而且連逗點和句點也可以直接用說的喔。」
在下：「啊，這麼厲害？」
女兒：「對啊，很好用喔！」

掛上電話後，回到了家，連中餐都捨不得吃，懷著興奮的心情就坐在沙發上，開始用「說」的方式進行寫作。沒想到短短不到一個半小時的時間，我就寫了將近快 3,500 字的文章，整個效率和效能的提升完全出人意表。

　　最重要的是，我對於「寫作」這件事情，從早上到下午，整個喜好的程度，猶如坐雲霄飛車一般，從落寞失望到歡喜而充滿希望。

　　從此我就愛上了寫作，在短短的幾年時間不僅在粉專上面持續輸出，也出版了自己都想像不到的好幾本著作。

　　細想其中最重要的轉捩點，竟然只不過就是簡簡單單寫作「方式」的改變。所以我們，

　　　不僅可以透過「嘗試」「找到」喜歡，
　　　更是可以透過「方式」「做到」喜歡。

不管是學習、運動或工作，回想有沒有原本是您沒那麼喜歡的事情，但是換了個「方式」之後，因為效率和效能提升，讓自己有成就感，而漸漸喜歡上的經驗？

遠離誘惑
如何控制想花錢的欲望

　　有次看到一個日本電視節目，敘述一位上了年紀的大媽，尋求製作單位協助，看看怎麼樣能夠幫助她減輕體重，降低發生心血管疾病的風險。接到任務後，製作單位前去拍攝她日常點滴，試圖找出她不斷變胖、體重增加的原因。

　　尤其是在開拍之前，這位大媽一直強調她吃東西非常清淡，很注重養生，三餐都定時定量，所以不知道為何如此正常的飲食，竟然會讓她日益的發胖？

　　後來節目組經過兩三天的拍攝，發現了隱藏在其中的秘密。

原來大媽確實三餐都吃的非常健康簡單，但是在她客廳的茶几上，放著一個小托盤，上面盛滿了各式各樣的小點心。每當大媽坐在客廳休息，不管是看報紙也好、看電視也罷，又或者是縫縫補補、打毛衣或做些手工，她會不自覺地把手伸進這個小托盤，拿起小點心送進自己口中。然後到了晚上睡覺之前，又會很自動自發的跑到廚房櫃子裡，打開儲存的各式各樣小點心，放到小托盤上，作為第二天的補貨。

謎題揭曉了，原來這個看似不經意的小托盤，就是一點一滴持續增加重量的「誘惑」來源。所以後來節目組，便要求這位大媽收起托盤，以後也不留任何的點心在廚房櫃子裡。這麼一做，才不到三個月時間，這位大媽體重就減了將近 6 公斤。

兩個方法，化解花錢欲望

類似的概念和案例，也同樣出現在《獲利優先》（*Profit First*）這本與理財有關的書中。作者麥可・米卡洛維茲（Mike Michalowicz）也是用減肥案例，來描述如何在不克制消費欲望之下把錢留下來。

如同前面不克制想吃點心的欲望，反而是把點心拿走「眼不見為淨」一樣，這個最簡單方式就是「**遠離誘惑**」。而要控制花錢消費欲望的遠離誘惑方式，簡單來說可以歸納為兩種：

①減少可用資源

　　如同前面那位大媽，把小托盤的零食給拿走，就讓她減少了可以增加熱量的來源。

　　所以我們也可以在每次拿到收入或領到薪水的時候，另外開個新帳戶，把收入或薪水的一定百分比（例如 10%）直接「自動」給轉入這個新帳戶。這個新帳戶就是不消費的帳戶，所有的錢只進不出；而剩下的舊帳戶才是我們減少之後的可用資源。

　　透過減少可用資源，自動存下一定百分比的收入，等於間接的控制了我們消費欲望。畢竟我們要的從來不是成為一個完全不消費的守財奴，而是要避免因為消費過度，以至於沒有辦留下辛辛苦苦賺來的收入，作為未來投資的本錢。

②避免信用支付

　　除了看得到的現金消費之外，現在有更多花錢方式屬於無現金的消費。如果是類似悠遊卡儲值消費，可以透過前面「減少可用資源」來避免過度消費。但如果是信用支付這種「先消費後付錢」的花錢方式，最簡單的方法就是不讓自己擁有及使用信用卡，直接斷絕這種花錢方式的誘惑。

　　簡單來說，與其要控制消費欲望，倒不如建立一個機制或系統，讓自己遠離花光收入、過度消費的誘惑。這樣既能夠努力賺錢，又能夠輕鬆存錢，還能夠開心花錢，才是幸福又有智慧的理財方式。

思考練習

除了文中講的兩種遠離誘惑方式之外，還有沒有其他可以建立的系統，不會讓自己的欲望造成過度消費，將金錢自動存下來，作為累積財富的機制？

20

投入代價
自己煮飯比較便宜？

───── **主要觀念** ─────

成本不僅是有形金錢支出
成本更包含無形資源付出

就讀研究所時，有次早上課程完畢和同學準備去吃午餐，不經意看到路邊有家知名西點麵包店大排長龍，雖然它平時生意也不錯，但這樣車水馬龍的盛況卻不常見。

受到好奇心驅使，忍不住上前去瞭解到底是怎麼回事，結果詢問排隊客人才知道原來當天是他們家明星產品麵包，推出超級優惠的方案。平常一個要價 99 元麵包，當天特別優惠每個只要 9 元，限量賣完為止。因為門口特別張貼了下午一點會出爐的告示，所以才會在午飯時間出現長長的排隊人龍。

知曉原因之後，我們其中有位同學凱文就說道：「要不咱

們也來排隊吧？一個麵包原來要價 99 元，現在才 9 元，省了 90 元，實在是太實惠了。」

這時候大學唸經濟系的少安慢悠悠發話了：「看現在這個排隊情況，就算下午一點麵包出爐，等我們買到，大概也要等將近一個小時。我平常去便利超商打工 1 小時可以賺 100 多元，而當家教每小時可以賺 500 元。如果用我當家教每小時價值計算，我買這個麵包實際成本，等於 509 元了，哪有比較便宜？嗯，不划算。咱們還是乖乖去吃飯吧？」

聽完少安分享建議之後，我們每個人都好像醍醐灌頂般豁然開朗，原來成本或花費概念不僅是有形的金錢，更包含類似時間這種無形資源的付出。

成本不僅是有形金錢支出，
成本更包含無形資源付出。

評估你眞正付出的成本

這讓我想到很多人說，在傳統市場買菜之後自己烹飪做飯，要比在外面直接買著吃來得便宜多了。如果純粹只衡量現金消費數額，確實很有可能在傳統市場花費，會比在外面直接買的餐飲來得便宜。但如果算上無形的時間，甚至水電瓦斯等

資源，將這林林總總付出「代價」的總和，一起計入「成本」的話，就未必比較實惠了。

所以很多人問我會不會去點外賣，我的答案是「當然會啊！」然後他們會接著問是不是因為覺得外賣很方便，所以才願意多花一點錢，多付一點運費代價？

我說，不僅是因為外賣非常方便，更重要的是，很多時候反而外賣成本，就算多增加了運費，對我來說還是比較划算，比較便宜的。

舉例來說，假設我的時薪是 500 元，從家裡去餐飲店來回時間是半個小時，那麼這半個小時的時間成本就是 250 元。如果外賣加收運費的是 50 元或 60 元，其實遠遠低於我自己去採買所額外花的時間成本 250 元，這樣算起來不是比較划算、比較便宜嗎？

所以「成本」是我們換取產品服務相關價值重要資源，也是累積財富重要關鍵，因此在看待成本花費時要謹慎關注：

不僅是有形金錢支出，
更包含無形資源付出。

當「有形」和「無形」兩者合在一起，才是我們全部的「投入代價」，也才是真正「成本」的本質。

思 考 練 習

回想自己平常的採購經驗，有沒有忽略了無形成本？例如你付出了時間，最後雖然看似買到便宜的產品或服務，但實際投入的代價其實非常高？

21

沉沒成本
過去投入付出好多該不該放下？

主要觀念
過去投入已經成爲過去
未來投入才會創造未來

故事一

有個開咖啡廳朋友告訴我說，他的生意最近非常清淡，連續幾個月都呈現虧損，最主要原因是附近大樓重新改建，許多公司行號都已經搬離，也因此他幾乎 90% 客群都流失了。他說自己實在很不甘心，因為投資這麼多，如果就此停業的話，這些裝潢家具設施，都會付諸流水。

我問他未來附近人口和咖啡廳客群，在短時間之內會再回流，再讓生意變好嗎？他立刻堅定地搖搖頭，回說因為大樓的

重建至少需要三、五年，而三、五年後的情況誰也無法預測。

然後我回饋道：「過去的投入如果不能創造未來價值，或許就讓它過去。」畢竟過去投資裝潢，以及家具設施，已經不能為他帶來任何未來的財富和現金流。

📝 故事二

長期以來我們家都有參與一個綜合性的俱樂部，包含餐飲、娛樂、健身和游泳設施等等。而每次停車的時候，入口收費亭阿姨都會親切地跟我們打招呼，長此以往就變成了熟識的好朋友。

有天就在我們要開車離場的時候，收費亭阿姨突然對我們說，這個人工收費要改成自動辨識收費，所以她被迫要離開工作，另尋出路。

她還聊到，雖然這份工作，在過去她有很多情感和學習上投入，但是看起來被智能辨識取代已經是勢不可擋的趨勢。所以她決定去接受新的職業訓練，預先跟我們道別，並希望以後常常保持聯繫。

然後我回饋道：「過去的投入如果不能創造未來價值，或許就讓它過去。」並且祝她新的學習，還有事業第二春都能夠平安順利。

　　不只是這位阿姨收費的工作，幾乎大多數職位，都會遇上過去所學和投入，對於未來不能持續創造價值的境遇。此時需要思考的，不是該不該「放棄」，而是適當「放下」過去，才能撥出資源，不斷投資，善待未來。

故事三

　　我的節目「郝聲音」Podcast 有天聊出版新書，有關兩性相處主題，來訪作者嘉賓是位氣質出眾、談吐優雅的三十歲出頭女性創業家。

　　訪問完之後，她和我們閒聊，分享和男友戀愛多年之後的心境。雖然他們從學生時代開始相識相戀，但是沒想到彼此的歧見越來越大。三不五時爭執加冷戰，已經嚴重影響到他們互相的生活和工作狀態。雖然兩個人都知道要改變雙方是件很困難的事情，但是想到過去投入多年情感，如果分手，又覺得萬般不捨。

　　咱們團隊一伙人，七嘴八舌問這女孩兒覺得兩個人相處模式，有可能會改善嗎？畢竟情侶兩個人相處細節，只有他們能夠真實理解。這個女孩堅定地搖搖頭。

　　然後我回饋道：「過去的投入如果不能創造未來價值，或許就讓它過去。」當然，到底過去付出和代價，能不能創造未來價值，還是要看她自己決定。

　　前面三個小故事，重點是想表達，所有過去的付出、代價或投入資源，不管是有形或無形，都是所謂的「沉沒成本（Sunk cost）」。

　　如果「沉沒成本」對於創造未來價值不具影響力，就無需納入未來的決策和考量。如此才可避免我們受到過去付出的影響，尤其是「情感」上的羈絆，而無法做出對未來更有利的決定。

　　不管是財富累積或是人生幸福，都是一樣的道理。

過去投入若無法創造未來價值，
未來決策就不要考量過去投入。

回想生活或工作上面,在做決策的時候,有沒有因為受到過去投入和付出的羈絆,明明知道這些「沉沒成本」無法為未來帶來價值,卻影響自己選擇和判斷的案例。

22

額外價值
賠本生意可以做嗎？

―――― **主要觀念** ――――

做生意除了要回本賺獲利
做生意有時會賠本賺現金

年輕時候在新竹清華大學唸書，晚上偶爾會去餐廳駐唱兼職，每當下班經過市區，除了會買些小吃逛逛之外，偶爾還會看到路邊攤掛著「每件 10 元」的促銷招牌。

受不了好奇心驅使，常常靠近之後，會看到琳瑯滿目的物品，不管是皮包、皮帶、衣服、褲子，甚至各種不同的男女服飾配件。雖然招牌掛的是 10 元，但實際上很多產品實際交易，會高過這個價格。簡單來說，這個「每件 10 元」的牌子，就是一個吸引人過來攤販旁邊的誘餌。

但是認真看過之後，不時我也會買個一兩件物品，因為價錢實在太過便宜了；便宜到顯而易見產品的成本一定高過這個價錢，也就是老闆應該是虧錢在賣。

偶爾我會和經濟系的好友聊到這件事，並很不解地問他，為什麼有人會做虧本的生意？不是說「殺頭的生意有人做，虧錢的生意沒人幹嗎？」

經濟系好友聽完之後，忍不住笑著對我說：「兄弟，你忘了我們曾經學過的沉沒成本？這些被製造出來的庫存，如果賣不掉的話，也就不存在未來價值，那麼他們就是沉沒成本了。

換句話說，只有換回任何現金，才能產生未來價值。這就是我們常常聽到的「沒有賣不出去的東西，只有賣不出去的價格。」所以，沉沒成本概念的重要的是：

不只關注獲利，
更要關注現金。

⑨ 核心概念，是否能帶來價值

後來這種「賠本生意」的模式，不僅是在路邊的攤販會遇上，甚至在半導體工作的時候又活生生地重現了。

有一年，電腦記憶體 DRAM 價格狂跌，幾乎所有大廠每個月財報都是虧錢的紅字。但那個時候我們工廠的生產還是不斷地在進行，而虧損也同樣持續地在加大，這就讓我有點不懂了。我忍不住問了財務單位：「為什麼虧了錢，我們還在不斷地做生意？」

財務主管想都不想地回答我說：「為了要賺現金流啊！」然後他順便分享整個價錢和成本結構，讓我能夠更理解背後的原因。

例如某個產品成本是 600 元，其中有 400 元是折舊費用，也就是不管做不做產品，這都是過去機台設備已經花費成本的攤提，是所謂的「沈沒成本」。但另外的 200 元，則是每多做一個產品，要額外多付出的現金成本（Cash cost）。

所以這時候，如果市場價格為 500 元，雖然低於總成本的 600 元，但是高過 200 元的現金成本，那麼每多做一個產品，就可以多賺入現金 300 元。這也是為什麼公司雖然看起來會虧錢，但是對於現金流來說，卻是不斷增加的。

也就是說，做決策時不需要考量「沉沒成本」；而真正需要思考的，是交易能不能為公司帶來好的價值，這才是關鍵。

因此，我們常常聽到有人會「降價求售」，真正的邏輯，在於不要考量過去已經投入的沉沒成本。而要在乎到底手邊的產品服務，或者庫存是否能為我們帶來更多價值，這個才是交易的本質。

想想看有沒有賣過或買過價錢低於成本的產品或服務？也就是說，這個交易對於買家來說是划算，但對於賣家來說是虧本的？你是否能用沉沒成本的概念來分析，到底賣家賺的是什麼？

閒置資產
無聊也可以偉大？

　　有天和認識多年、剛剛退休的一位老大哥喝咖啡聚會，看著他精神奕奕模樣，想必是離開職場後生活過得有滋有味，直覺認為老大哥應該是把可用時間都花在運動養生，或者是閱讀冥想上了。

　　沒想到詢問之下，這位老大哥竟然是重回職場，而且還是位共享出租車司機，這就燃起我爆棚好奇心，忍不住追問他這麼做的原因。

　　他笑笑的說：「無聊是偉大的開始。」

接著告訴我，他好不容易退休成為「有閒」的人，便買了部好車，除了在假日時候開出去遊山玩水之外，平常他的車也是部「有閒」的房車。既然人也閒著，車也閒著，他決定拿來利用一下，加入了共享出租車行列。

沒想到因為他開車沒有壓力，平常又有時間把車子保養到最佳狀態，然後出門當司機，也把自己妝點得質感非凡，加上車裡特選音樂、高檔瓶裝水和淡淡清香，讓每個客人一上車，都會不自主地發出「哇！」驚呼聲，讓他成就感無窮。

而有這麼驚艷「哇！」的開場，大部分乘客就會打開話匣子，在乘坐期間和這位老大哥談天說地、相談甚歡，當然最後給的評價也幾乎是理所當然的滿分。這樣子的滿分評價，就為這位老大哥帶來更多回頭客，甚至因為高評價，也直接提高他的搭乘價格，讓願意追尋高質感的客人，選擇搭乘他的房車，形成了一個良性循環。

藉由提升，創造夠多價值

所以他說，「有閒」或「無聊」不一定是件壞事，真正關鍵在於你有沒有在這個有閒或無聊過程當中，提升它的價值。

通常忙得不像話的時候，都只是在「輸出跟生產」，反而

沒有機會看看怎麼樣多點機會讓自己能夠「輸入跟研發」。雖然「輸出跟生產」可以傳遞價值，但是「輸入跟研發」才能提升和創造價值。

因此，這位老大哥說「無聊是偉大的開始」，就是告訴我「閒置資產」未必是無用資產，重點是有沒有利用這個「閒」的過程，去思考如何提升和創造資產價值，才是從無聊到偉大的關鍵。

如同全球知名訂房網站 Airbnb，當初就是看中很多人家裡都有閒置空房，因此幫助屋主把這些空房認真妝點，並找專業攝影師拍成美美相片放在網路上，讓想要體會有質感，又有在地居家經驗的旅客，作為他們遊玩途中居住的選擇。

這就是為「閒置資產」提升價值，持續活化；不僅為房屋資產擁有者創造財富，也為提供新商業模式的 Airbnb，開啟創業契機。

回想我自己講師職涯，也是同樣思路。

很多人問我為什麼不多接點課程，而要讓自己「閒置」這麼多時間？我說講師在上課的時候，就是一種輸出和生產，但

講師真正的價值，反而體現在要有足夠的時間去輸入和研發。

所以，每當有人問我忙不忙，我的答案都是：
「我很有閒。」

因為我必須有閒，成為「閒置資產」，才能夠持續不斷地閱讀學習，才能夠持續不斷地與時俱進，也才能夠持續不斷地在未來講師生涯當中，給予共學夥伴們最前沿和最有用的價值。

有閒才能創造價值，
增值就從有閒開始。

思考練習

思考自己在忙碌的生涯當中，不管是生活或職場，有沒有空閒的時間，讓自己可以與時俱進或者提升價值的機會？

第一桶金
必須先賺到 100 萬嗎？

 第一桶金不只在乎金額到底多少
第一桶金更要在乎開始越早越好

每次我在課堂上或演講中，問同學和聽眾大家覺得如果要理財，賺到「第一桶金」重不重要的時候？

答案幾乎都很一致，大夥都說很重要。

接著我又問大家，心目中要累積多少錢，才算是第一桶金的時候，奇怪又有趣的事情就發生了。

通常如果開始有回覆的幾個人，答案會比較有差異或與其他人不同。但只要有那麼個特定的人，說出他的第一桶金是

100 萬，好玩的是接下來幾乎大部分人，都會把第一桶金訂成
100 萬作為目標。

　　「然後呢？」我問。

　　在大家回答完第一桶金這個目標之後，我會接著問大家，
「那麼然後呢？有了第一桶金之後大家要幹什麼？」

　　所有人似乎都以為回答完第一桶金之後，問題就結束了，
並沒有想到會有這樣繼續地追問。

　　「拿去投資咯～」
　　「用這個第一桶金繼續去賺錢。」
　　「開始用錢去賺錢，創造被動收入。」
　　「有了第一桶金，就繼續第二桶金咯～」
　　「對啊，一桶一桶接著賺………」

　　「看起來大家對於第一桶金的概念，都是為了投資，為了
用錢賺錢，為了創造被動收入，為了接下來一桶接著一桶，不
斷地賺錢。那麼，第一桶金，一定要是 100 萬，或是特定金額
才能夠達成這個目標嗎？」我繼續追問。

通常這個時候，大家又可能是面面相覷，也或許有人會淡淡地回答說：「好像不一定耶。」

是啊，當然不一定！

記得我自己在小學時候，學校鼓勵我們每個小朋友在郵局裡開一個帳戶，然後讓父母親教我們怎麼樣把紅包或零用錢存進去。之後每隔一段時間，老師還要我們去查看自己的帳戶，看看除了父母親幫我們存的錢之外，是不是會多一些錢？

每個有開帳戶的同學，在看到由本金生出來的利息，讓自己錢變多的那個剎那，都會高興的驚呼出來。因為這種行為反應，也間接影響其他同學，嚷著鬧著要父母親，也幫他們在郵局開戶，希望自己也可以玩這個「用錢賺錢」的遊戲。

這是小時候在我心目當中，最簡單又最實際的財商教育，也留下了深刻難以抹滅的印象。後來年紀漸長，成家有了小孩，也同樣在兩個女兒很小的時候，幫她們開立了郵局帳戶。

最重要的是，就算用孩子自己零用錢去開立帳戶，我原來以為開戶金額應該不會太少，沒想到一問之下，才知道只要新台幣 10 元，就可以在郵局開戶。

是的，只要 10 元，您沒有看錯，將區區 10 元存進郵局，就能啟動賺取「被動收入」的遊戲，開始理解什麼叫做「用錢賺錢」，也開始知道什麼叫做「投資」。

所以很多父母親，甚至是我們自己訂出第一桶金目標的時候，或許可以想一想所有的大目標，都是從小目標累積的。如果第一桶金的本質是要持續不斷地透過用錢去賺錢，累積財富的話，那麼或許並不一定需要 100 萬、10 萬，甚至是 1 萬，才能開始。

不管是幫自己，或者幫自己孩子，就從今天，就從現在，即使沒有任何專業知識去做投資，至少可以把每次賺到的錢，或收入一部分存進郵局或銀行。

那麼就算是 10 塊錢，我們也有了第一桶金，也有了未來無限多桶金的開始。

千里之行，始于足下；
萬金之富，始于錙銖。

第一桶金不只在乎金額到底多少，
第一桶金更是在乎開始越早越好。

回想自己是何時開立金融機構帳戶，又是從何時起有儲蓄
小錢的習慣？

如果你有孩子，但還沒有個人戶頭，不妨幫他們在郵局或
銀行開立帳戶，啟動他們第一桶金的旅程。

㉕

複利效應

要怎麼找到高報酬率的投資？

─── 主要觀念 ───

與其拚命追尋一夜暴富機會
不如穩當踏實細水長流積累

在國中時候有位非常尊敬的陳光基老師，是我一生感恩的
貴人，當時他既是班導，也是我國文老師。

雖然他教學非常嚴厲，但每次上課時，旁徵博引不同歷史
故事，以及各種典故，讓我對國文吸收，伴隨歷史理解，和各種
典籍來龍去脈，不是一成不變的死背，反而對學習本質產生濃厚
興趣和好奇。

曾經有次同學們問老師，為什麼他可以記住這麼多東西，
能夠信手拈來就分享這麼多故事？

他告訴我們說不要心急，只要每天進步一點點，日積月累之後，大家也可以記住很多故事，以及豐富的事物。

所以，在他擔任班導那兩年裡，幾乎每天都讓我們在早自習時候，抄寫一篇短文，這樣聚沙成塔、積少成多，讓我在不知不覺當中，培養了紮實寫作能力，然後在高中聯考的時候，在作文這個項目拿到了幾乎滿分。

這也讓我想到在《雪球速讀法》中，有一個我很喜歡的觀點。作者宇都出雅巳說，不用執著於學習快速閱讀的工具和方法，只要讀得越多，很多專業就變成了常識，而一旦常識多了，閱讀也就會變得越快。既然讀得越快，也就比別人讀得越多，自然而然形成良性循環，跟滾雪球一樣，而這種紮實的速讀法，不是任何其他速成工具可以取代的。

持續累積，是致富不二法門

同樣運用在財務思維時，我最常被問到的問題，就是怎麼樣才可以尋找到報酬率非常高的投資？

其實這點跟想要學習高效速讀工具，一下子想要記住很多東西，是類似的道理。

但認真想想，如果是投資報酬率非常高的個案，一定很多人都趨之若鶩，那麼自然而然也會瓜分掉大家獲利，讓報酬率變低。換言之，高報酬率的投資就不是個容易長期握在手中的目標。

反而是看起來報酬率不高的投資，透過時間累積，像雪球滾動變大一般，他也能變成報酬率非常高的結果，即是所謂的「複利效應」。

像我自己每天會利用 20 分鐘，用聆聽的方式來「讀書」，看起來不是很多，但是每次就算只記住一個重點，一年 365 天，也記住了 365 個重點，而十年下來，等於學習了 3,650 本書。

回到報酬率的這個議題上，就算每天我們的進步或者是報酬率只有 1%，那麼經過 365 天之後，會進步多少呢？很多人心目中可能覺得不會有太大差別吧，但事實上不是如此，如果用複利本利和的公式，將（1+1%）連續乘上 365 次，結果竟然是 37.78，換句話說，比原來進步將近 37 倍之多。

$$（1 + 1\%）^{365} 天 = 37.78$$

如果我們認為投資報酬有一倍就很多的話，那麼 37 倍應該是很傲人的結果吧。所以即使把錢存在每年只有 2% 報酬率的定存，透過時間複利累積，十年之後的報酬率有 22%，二十年之後報酬率有 48%，三十年後報酬率有 81%，五十年後報酬率有 169%，時間的效應是不是很驚人？

$$1.02 \wedge 10 \ 年 = 1.22$$
$$1.02 \wedge 20 \ 年 = 1.48$$
$$1.02 \wedge 30 \ 年 = 1.81$$
$$1.02 \wedge 50 \ 年 = 2.69$$

所謂高報酬個案，常常是可遇不可求，但是平凡無奇報酬，也能在時間累積下，得出令人驚艷的高報酬。因此，如何找到報酬率非常高的投資？對我來說是，

與其拚命追尋一夜暴富的機會，
不如穩當踏實細水長流的積累。

試著尋找自己覺得安全又穩當的投資工具,不管是定存、債券或股息穩定的股票,看看他們的平均年報酬率是多少?然後,計算如果投資十年、二十年,甚至五十年,會累積出什麼樣的投資報酬率?

26

循序漸進
每月要存多少現金才適當？

主要觀念

關注每月生活必要支出
賺得越多就能存得越多

　　馬拉松三個字或長跑對我來說，最早的記憶停留在新竹中學，因為學校每年都有個跑十八尖山將近 5 公里的年度盛事。那時候的 5 公里，感覺已經是自己跑步距離極限，要不是因為涉及體育成績的過關，打從心底認為跑步這件事情，在我生命當中不是個會和生活聯想在一塊或熱愛的事情。

　　更不要說從來沒有想過，有天會參加全馬馬拉松 42 公里，以及超級鐵人三項 226 公里，包含游泳 3.8 公里、騎車 180 公里，再加上跑步 42 公里的這種瘋狂賽事。

記得 47 歲為了馬拉松比賽剛開始練習跑步的時候，跑了 1 公里就氣喘吁吁，心跳飆得非常高，教練告訴我不要跑太快，也不需跑太多，每天從 1 到 3 公里開始練起，如果跑不動就算用快走都沒關係。

當時很疑惑地請教教練，大家練習馬拉松或鐵人三項，不都需要跟著課表走嗎？像我這麼輕鬆隨性，怎麼能夠完成如此艱鉅的比賽？接著教練告訴我，每個人情況都不同，沒有人開始就能夠照著課表練習，必須量力而為、循序漸進，才不會讓自己受傷，也才可以培養長期持續的運動習慣。

同樣道理，每當有人問我，很多理財書常建議大家，把每個月收入存下 10%，甚至是更多比例，是否該依著照做？簡單來說，就是希望我告訴他們，每個月應該存下多少錢才是適當數額。

而我答案就跟當初運動教練分享的思維一般，每個人都不一樣，需要「量力而為」、「循序漸進」。不要把自己給逼死，重要的不只是存下金額多寡，更關鍵是建立起儲蓄的習慣。

⑨ 從自己能承擔的程度開始

就像我有個年輕朋友，剛進入職場月薪收入 3 萬元，扣掉房租、水電每月 1 萬 2 千元，伙食費 1 萬元，上下班及每月回南部家裡交通費約 6 千元，再加上電話等雜支，幾乎就已經所剩無幾。所以這個年輕人問我，書上說每月把錢存下 10%，自動變成累積財富機制，對他來說真的有點困難，到底應該怎麼樣因應比較好？

我對他說，其實存下 10% 只是個概念，是讓自己養成「儲蓄」的習慣，也是養成有了收入之後，「先支付給自己」的習慣，畢竟消費支付給了他人，沒有錢留下來給自己，就不能累積未來的財富。

但是每個人狀況不同，如果他現在目前賺錢不多，即使每個月 3 萬元薪水存下來 1%，也就是 300 元，都已經開始邁向累積財富的習慣了。

思維改變行為，
行為建立習慣，
習慣重塑人生。

後來他開始「輕鬆」又「認真」的執行，從每月存 1% 的收入開始；過了兩年，當我們再碰面的時候，他已經是個小主管，而且開心的對我說，已經換了更高薪工作，現在月薪有 5 萬元，不過他還是盡量保持著原來的生活和消費習慣。

換句話說，每個月還是和原來一樣 3 萬元消費，而收入多出的 2 萬元，他用自動撥款方式存到另外帳戶裡，這麼算起來每月將近有 40% 收入都直接存了下來。

他說這樣從收入的 1% 到 40% 存款比例變化，真是始料未及，說不定再過兩年就可以存夠買房子的頭期款。看著他幸福又快樂的神情，讓我想起了意義深遠的兩句話：

不是因為厲害才開始，
而是因為開始才厲害。

檢視自己每個月的存款金額，相當於收入的多少比？

過去的存款比例，是否有逐漸上升的趨勢？

如果過去沒有存款習慣，你認為自己可以撥出多少百分比的收入當作儲蓄？

27

關注時薪
工作收入不高怎麼辦？

主要觀念

不只思考要用更多時間賺錢
更要思考提升單位時間價值

　　記得大學剛開始當家教真的非常開心，不僅是因為有自食其力的感覺，更重要是覺得讀書多年，竟然有機會靠知識賺錢，可說是頭次體會到學習的好處。

　　也因為這層關係，在當家教的時候就格外努力，不僅希望可以留給家長好評價，更希望讓學生有好成績，不辜負他們支付的學費。而隨著口碑越來越好，家長們之間會互相引薦，也讓我家教接案數量越來越多。

　　那個時候家教收入，最高可以拿到每小時 500 元，對我這

個大學生來說，是非常具有吸引力的。但是學生持續增加，除了教學時間變多之外，我還必須騎著摩托車，來往更多家教地點，使得花在交通上時間非常可觀。甚至有幾次因為教學太過疲憊，騎著摩托車碰上雨天，在地面濕滑、精神不濟情況下，發生過擦撞和小車禍。

這也讓我開始思考，這樣大量上課，到底是不是件好事？除了拚命接家教之外，有沒有其他方式，能夠更有效率賺錢增加收入？或許是日思夜想，也或許是吸引力法則，情況真有了轉機……

有天我媽媽介紹鄰居兩個表姐弟，想要讓我同時教他們英文。剛開始我對這個要求是不太情願的，主要是因為他們兩個學生每週上課 4 小時，一個月上課 16 小時，按照當時補習班收費標準，我最多收 1,600 元就算是挺高的了。換言之，平均下來每人補習費 1 小時是 100 元，而他們兩姊弟 1 小時加起來我只賺 200 元，比起家教每小時 500 元，就少了 300 元。

但因為老媽已經答應鄰居，我礙於情面想說反正在家上課，無需跑來跑去也還不錯，就開始兩個小朋友的英文教學。上完第一堂課後，我突然想到，一次教 2 個人，跟一次教多個人，花的時間其實是相同的，但收入卻有機會倍增。既然如此，

為什麼我不試試再額外多招幾個學生？

於是我在第二次上課的時候，把這個想法告訴這對表姐弟，歡迎他們邀請同學一起來補習。後來再過幾天，他們還真的各找了一個同學來，適逢正要準備期中考，我就好好幫他們複習了一下，沒想到這四位學生竟然都拿了將近滿分成績。

這個驚艷成績一出來，四個學生們不小心把我這老師給炫耀了出去。也讓這小小家教班，從2個學生變4個，4個變8個，8個變16個，簡直跟生物繁殖一樣。後來限於家中上課空間關係，我只能把人數設定在最多16個人一班。

換句話說，到了16個人的時候，我每個小時收入，就從2個人200元，漲到了1,600元。比起原來家教1小時500元，那是將近三倍多的收入增幅。

這也讓我真切體會到當時薪越高，就可以有更多屬於自己時間，去做想要或是更有價值的事情。

低時薪工作，需要花很多時間賺取收入；而高時薪工作，則只要花較少時間，就可以賺取高收入，並且間接獲得更多屬於自己寶貴時間。

財富可以越賺越多，
時間只會越花越少。

不只思考要用更多時間賺錢，
更要思考提升單位時間價值。

思考練習

本篇文章中，提到從一個學生的家教老師，到成為多位學
生的補習班老師，可以明顯提升單位時間收入的案例。請
根據這個案例，思考是否可能套用在自己身上，找到讓自
己時薪倍增的機會？

時間擴張
如何開展斜槓人生？

 不只在乎時間交換單一價值
更要關注時間產生附加價值

　　小時候聽長輩聊過一個隱喻，說「打柴的不要和放羊的玩」，剛開始實在不理解是什麼意思。後來長輩解釋說，打柴孩子最重要工作是去砍柴，一旦他把時間花在玩耍上，就會顧此失彼而沒有辦法砍柴了。

　　相對的，放羊孩子就不同，他在玩耍的時候，羊群還在開心地拚命吃草。換句話說，他可以一心兩用，一邊工作放羊，同時也把玩耍也顧上了。

　　這麼一說我瞬間明白，打柴工作同時只能做一件事情，時

間運用非常單一，要嘛遊玩，要嘛打柴。但是，放羊工作就有機會把「時間擴張」，工作和遊玩可以同時兼得，如同大家常說的「一舉兩得」、「一兼兩顧，摸蛤仔兼洗褲」。

這就讓我想到很多人都想要「斜槓」，甚至我也常被問到，要如何在同個時間分飾許多不同角色，甚至有不同價值產出。

或許這樣的「時間擴張」概念，可以當作一個參考。畢竟每個人時間都是有限的，如果有限時間之下只能逐步安排事情，那麼肯定會受限於時間的多寡。但如果在同一個時間之內，能像放羊孩子一樣同步進行二、三種以上的工作，不僅不會互相排斥，還能夠面面俱到，這種時間擴張帶來的斜槓效應，光想到都令人心曠神怡。

回想我剛開始在餐廳駐唱的心情，似乎就有這種感覺，因為別人去卡拉 OK 唱歌要付錢，唱的時候還不見得有人聽，但我在餐廳台上唱，不僅不付錢還能夠賺錢，而且大家還會認真聽我唱。

除此之外，那時我也試著開始詞曲創作，藉著駐唱機會直接發表給聽眾們聽，看他們反應如何，作為我後續詞曲創作動力。甚至更重要的是讓我在跟陌生客人交流過程當中，訓練了

143

膽識和口才，也不小心結識許多各行各業的朋友。

這才有了後面被邀約去電台演唱，甚至擔任電台主持人，以及廣告聲優不同機會。

真可以說是把時間擴張到「一舉數得」。

同樣後來擔任企業內訓講師，也是一樣的道理。每次在上課過程中，除了可以把我學到很多專業或書本上的知識進行分享，更能透過這樣子的教學相長，進一步鍛鍊溝通能力，確認是否自己傳遞訊息的精準度和方法可以被學員所接受。

而學員們分享的想法和各種不同故事案例，也會激發我不管是在粉專發表也好，又或是書籍撰寫、線上課程製作，都能夠有取之不竭、用之不盡的素材。

更不要說我近年來積極投入的「郝聲音」Podcast，不論是來自各行各業翹楚，分享他們人生閱歷、生命體悟，又或者是許多作者分享新書智慧，以及帶給我們各種啟發，都讓做節目這件本來就令我非常喜歡的事情，有了額外價值非凡的收穫。

況且這些來賓也變成我們非常好的導師和朋友，這種花一

次時間，卻帶來多重好處的結果，不正是時間擴張效益的最佳體現？不也是不知不覺成為了別人心目中的斜槓角色？

所以說，生命雖然是寶貴且有限的，但是透過「時間擴張」思維，可以讓人生價值有無限延展的可能。

不只在乎時間交換單一價值，
更要關注時間產生附加價值。

思考練習

查看自己的工作或生活中，有沒有做一件事情的同時，可以收穫多重好處的案例？

例如：找到同好一起做喜歡的運動，不僅身體健康、滿足興趣，又可以拓展人際關係，這就是一舉三得的時間擴張。

第三步

洞察

財富會帶來
更多財富

樂在其中
哪種理財或投資方式比較好？

　　有次去參加一位畫家好友演講，結束後他請台下幾位觀眾和來賓分享聽講完後的心得。幾乎所有人上台都表達對這位好友的欽佩之情，說他在繪畫道路上的堅持，是能夠在國際舞台上發光發熱的重要關鍵，也是值得令大家好好學習的榜樣。

　　沒想到最後這位至交好友，竟突然叫我做總結，他不找我還好，既然找了，那麼在台下憋了半天的思緒，就忍不住全都釋放了出來。

　　我一拿起麥克風，就笑著請教我這位好友說，如果從今天開始讓他整個禮拜不能拿畫筆畫畫，請問他心情如何？

他聽完問題之後，整顆頭搖了個跟撥浪鼓般的說：「那肯定是不行的，不要說一個禮拜，就算是一天讓我不拿畫筆，我都受不了。」

當他說完之後，我露出滿意的笑容，然後轉向對所有聽眾說：「大家聽到了嗎，畫家不是堅持在做一件他不喜歡的事情，而是找到了生命中的最愛，畫畫已是他生命中不可或缺的一部分，他會成功是因為沈浸其中，與其說堅持，倒不如說上癮。」

不是堅持，
而是上癮。

在場所有觀眾，聽完我倆對話，不僅露出會心微笑，也恍如大夢初醒般的點頭如搗蒜。

這讓我也想起老媽理財的儉樸習慣，幾乎也是種樂在其中的上癮感覺。不管是洗菜水、洗碗水、洗澡水或洗衣水，她一定會儲存起來，作為沖廁所的二次再利用水。只要是走過、路過，老媽絕對不會讓她經過而沒有人在的房間有亮著的燈。

還有把舊衣服重新裁剪，拿來做抹布；把西瓜肉吃完了，再把裡面白色的內層挖出來，炒肉絲當作菜餚再利用……

諸如這點點滴滴，任何一種可以省錢的方式，如同知名電影《佐賀的超級阿嬤》一樣，肯定能引起我老媽極大興趣，而會立刻身體力行並樂此不疲。

選擇自己樂於執行的理財法

就像有些人非常喜歡記帳，喜歡把每天消費一分一毫，巨細靡遺記錄下來，然後很開心的分析所有明細，再看看哪裡可以再多省一點。但有些人聽到記帳就頭大，喜歡花錢不受拘束的感覺，所以每當領到薪水之後，會先留下一筆給自己的存款，然後剩下的金錢就開心消費。

除了賺錢、花錢、存錢理財之外，投資的琳瑯滿目方式，也是青菜蘿蔔各有所愛。有人鍾愛房地產，可以整天到處看房、看地，和仲介商、屋主怎麼聊都不嫌累；但是只要一跟他提起金融商品，那就是立馬哈欠連連。

股神巴菲特特別鍾情於股票投資，原因不僅是他喜歡看著存摺數字，也因為投資獲利不斷地增加。更重要的是他非常沈浸於研究不同產業、不同公司，並從其中找到具有價值且值得投資的企業。歸根究底，就是股票研究對巴菲特不僅僅是投資學習的堅持，更重要是讓他能夠「樂在其中」，甚至上癮的重要活動。

理財和投資，如同生活和工作一樣，要找到自己喜歡，不用執著於跟風，看到別人做什麼就一定要自己做什麼。

只要持續不斷嘗試，找到自己喜歡，便不需要痛苦堅持，也能夠享受理財和投資的過程。讓自己在樂趣學習當中，越來越專業，越來越投入，不僅賺到財富，更賺到每分每秒生命的愉悅，那才是最大的幸福。

喜歡才能做得久，
做久才能做得好。

思考練習

列出自己知道的理財或投資方法、工具及種類，看看哪些是嘗試過的，有哪些是在嘗試過程當中比較喜歡的。試著將這些特別喜歡的方式，列出喜歡的理由，並看看這些理由是否能讓自己在進行過程中有樂在其中的感覺。

30

致富思維
理財投資太難做不到怎麼辦？

成功的人找辦法
失敗的人找理由

回想起在我 13 歲那年，應該是人生遇上第一個很難熬的黑暗期。因為從來沒有想過正值盛年的父親，會在還不到 40 歲年紀，就因為罹癌過世。

而母親那時候 30 多歲，帶著我和兩個妹妹三個小孩，沒有任何工作且已經當家庭主婦多年，突然遭逢巨變，也只能硬生生勇敢面對，並承接下生活中的所有挑戰。

感謝當時天主教教會，提供母親一個擔任幼兒園老師的機會，後來幼兒園轉型成為啟智中心提供特殊教育服務，母親也

繼續跟著成為特教老師。

從家庭主婦成為職業婦女過程當中，對母親來說，所有工作都是新的，所有嘗試都是陌生的，除了不定期和定期幼兒園或特殊教育的培訓之外，母親也積極購買或租借錄音帶、書籍等資訊回來學習。

這也是她提昇價值、投資自己，用「身教」的方式，把財商思維灌輸到我們三個孩子生活的開始。甚至母親到了 50 多歲，為了協助偏鄉沒有經濟能力到都市來就學的特殊孩童及家庭，還去考了汽車駕駛執照，成為特殊教育的巡迴輔導員。把她的愛和服務從都市帶到鄉間、帶到山間，帶到每一個需要這份溫暖和幫助的人與人之間。

雖然母親收入並不優渥，但在日常生活當中節約簡樸的習慣，看在我們孩子眼裡，也讓「就算省一塊錢，也是賺一塊錢」的思維，成為不自覺的行為準則。這也讓我們三個兒女，在家裡收入只靠媽媽一個人的時候，懂得惜福感恩，不會大手大腳亂花錢。

然而一等到我們有能力開始打工，或是進入正式職場的時候，就會有強大動力認真工作，期望能夠獲取更多收入，為母

親或家庭減輕負擔。

回想起那段歲月，不要說理財或是投資，就連生活過日子都很困難。但是從母親帶給我們的日常生活，卻常常感受到的是「**沒有過不了的檻，關關難過關關過。**」後來有次在大陸朋友的微信上面看到兩句話，也得到同樣的啟發：

只要思想不滑坡，
辦法總比問題多。

所以每當我和朋友們分享理財或是投資的相關思維，只要有人告訴我說他覺得太難或辦不到，我就會很委婉的分享：

凡說做不到的，
答案都是對的。

這個邏輯其實很簡單，因為只要說了做不到，就不會想辦法去做到，那麼當然就會做不到，而結果也印證了所說的答案是對的。

記得第一次看到羅勃特・T・清崎所寫的《富爸爸，窮爸爸》這本書，裡面有個橋段也是相似場景，讓我記憶非常深刻。

故事提到每當窮爸爸碰到孩子向他要求，想要買比較昂貴商品的時候，窮爸爸給出答案都會是：「這太貴了，我們買不起。」但如果是富爸爸碰到孩子給出同樣要求，這時候富爸爸給出的答案則是：「這蠻貴的，我們如何才買得起？」

當說出「買不起」這三個字的時候，跟在後面結論就是一個「句點」，也讓孩子和自己停止了思考。但若變成「如何才買得起？」這樣子結尾的「問號」，就呈現各種不同的可能性，也才是開啟了致富思維的大門

成功的人找辦法，
失敗的人找理由。

思考練習

回想一件過去你覺得做不到的事情，換個方式問自己：「怎麼樣才可以做到？」
然後試著去尋找並列出可能的完成方法和途徑。

_____

_____

_____

_____

31

陪伴無價

沒能力給孝親費怎麼辦？

─── **主要觀念** ───

父母親不僅需要孝親的金錢
父母親更是需要陪伴的時間

有一次和幾位音樂家聚會，他們都很感慨從小到大，不只花了非常多時間在音樂學習道路上，還包含更多鉅額學費的支出。

沒想到長大後，因為出生率下降，學音樂孩子越來越少，反而讓現在不管是教音樂的學費，或是類似相關收入都不如預期。更重要的是，每當想到他們父母親這麼樣的栽培，想要回饋一些金錢給父母當孝親費，但卻非常拮据，而這種給不出錢的揪心，也很難讓家人理解和體會。

說到這裡，不僅是音樂家們在環境變遷之下，會有收入不如既往的困境；甚至很多年輕人，如今步入職場的時候，也常有這種收入不高、支出卻多的窘境，以致於想要給予父母聊表心意的孝親費，卻心有餘而力不足。

但問題是，我們能給的資源，一定只有錢嗎？而當父母親知道我們賺錢、存錢不易的時候，會執拗的希望我們拿出孝親費嗎？

這點讓我想到，曾經看過一個國外非常知名又溫馨的親情廣告。

廣告開始的場景，描述了四位老媽媽在社區旁邊大樹下乘涼聊天。其中有位老媽媽說，她孩子非常的優秀，在國外科技大廠工作，不僅升官升的快，薪水也非常的高。第二位老媽媽接著分享，說她孩子也是在國外世界 500 強公司上班，每年光是股票分紅就令人艷羨。第三位老媽媽也不甘示弱，強調她孩子是非常厲害的博士，在國外科研機構擔任重要職位，每年都獲獎無數，而且擁有非常多的知名專利。

這個時候，就看到第四位老媽媽，慢慢地站起身來和她們三位鞠了個躬，舉起手指了指剛開進來社區的一部不起眼的小

輾車，然後說：「不好意思，我那個公務員的兒子來接我，我要和他們全家一起去吃飯，我們下次再聊。」

這時候，廣告結尾，只看到三位老媽媽帶著非常羨慕眼神，看著小轎車上下來一對年輕夫妻帶著兩個小孩，把這第四位老媽媽攙扶上車，緩緩駛離她們的視線。

💰 時間與金錢之間，量力而為

類似故事，也發生在我從小長大的故鄉。

小時候我住在后里眷村，鄰居有個一起長大的兄弟從小就有急公好義、樂於助人的個性。有次我回老家去看他們，他一邊招呼我喝茶吃點心，一邊笑笑地看著他媽，對我抱怨說：「我媽從小一天到晚嫌我功課不好，唸書比不上你們這些學霸，結果不僅她身體不好我帶她去看病，就連我們這條街的伯伯、媽媽們身體不好，也是我帶他們去看醫生。」

抱怨完一通過後，就看他嘻皮笑臉地對他媽媽說：「功課很重要，有空陪您也很重要，對不對？」他媽媽雖然翻著白眼，卻不自覺的點著頭，露出了滿意又肯定的微笑。

158

或許這時會有人問說：「但是我沒空陪伴該怎麼辦？」

我有個非常優秀又忙碌的醫生朋友，他告訴我說，雖然他定期會給他父母親孝親費，但是他覺得父母親最想要的從來不僅是錢，而是親情的陪伴。可是因為他每天大部分時間都花在病人身上，沒有辦法常常南下回去探望父母，所以他每天一定會撥出時間打電話給父母親，也是一種跨越空間的陪伴。

尤其是現在有視訊電話，他說每天短短的問候，雖然比不上在身邊的噓寒問暖，但也是一種真心的付出。

雖說金錢是種非常重要的資源，但比金錢更加重要資源是我們稀缺的時間。或許我們無法有足夠金錢給予父母孝親費，但是我們絕對可以給出比金錢更加珍貴的時間，不管您身在何處，就算是一通電話，都是陪伴，都是無價。

父母親不僅需要孝親的金錢，
父母親更是需要陪伴的時間。

想想自己是否有給予孝親費的能力和習慣？除了孝親費，
也可檢視自己實際陪伴父母或電話聯繫的時間。

32

資源工具
定期存款到底好不好？

—— 主要觀念 ——

思維對了工具如虎添翼
思維偏了工具形同虛設

常常有人和我抱怨，通貨膨脹率持續的昇高，如果把錢存在銀行，很可能利息收入就被這些通貨膨脹給吃掉了。所以很多人對於把錢存在銀行裡面會有疑慮，不知這樣的投資是好是壞。甚至有時候當我分享儲蓄概念，有些人就拿通貨膨脹會把利息吃掉的說法，告訴我還不如及時行樂，反正存錢也不會有好的報酬，花掉了比較實在。

這讓我想到小時候讀過的伊索預言，說道有關螞蟻和蚱蜢的故事。

話說故事開頭描述當夏天正熱的時候，螞蟻們在辛苦工

作，進進出出把外面找到的食物，一點一滴搬回自己窩中，準備將這些儲糧當作過冬的重要資源。反觀蚱蜢躲在旁邊樹下乘涼，還不時召喚螞蟻們陪他玩耍，但是螞蟻們勤奮的工作著，並且提醒蚱蜢也應該作好準備，可是蚱蜢只顧著玩樂，卻充耳不聞螞蟻的貼心叮嚀。

時光荏苒，轉眼間到了寒冷冬季，這時候螞蟻們安心待在窩裡享受夏天準備的豐盛食物，但蚱蜢卻只能打著哆嗦，忍住因為夏天貪玩所導致冬天的飢寒交迫。還好善良的螞蟻，願意分享美好食物給蚱蜢，也讓這個故事有了個溫馨的結局。

從這個寓言故事的提醒，也可以讓我們知道，其實定期存款或是說儲蓄的概念，就是對金錢這種「資源」應該要如何管理的一種思維方式。就我個人而言，可以分成三個階段來看待資源：
①累積資源
②保護資源
③擴大資源

①累積資源

首先不管是金錢也好、食物也罷，把它給累積儲存，就是為了不確定未來，必須要做的事情。存錢或者是儲蓄，從來不

僅是為了想要買自己喜歡或渴求的東西。

更重要是當我們有收入、有薪水的時候，代表還有能力去獲取資源。可是我們永遠不知道哪天當沒有能力再用自己生命或時間去交換金錢的時候，身邊是否還能有賴以生存的資源可以讓自己存活。

這就必須靠平時未雨綢繆不斷的「累積資源」，才能夠有備無患。如同螞蟻的收集食物，或者是我們賺錢之後的儲蓄，都是同樣道理。

②保護資源

累積資源之後，我們另外要關心的是這個資源會不會一夕之間盡失。就像螞蟻會把他們食物拖進窩裡收藏，而不是放在外面，讓別人隨時有機會掠奪。而金錢或是財富也一樣，除了累積之外，也需要關注保護資源。

記得小時候有次下大雨淹水，同村好友在大水過後，雖然全家人都平安，但是整個屋裡都被大水浸泡得面目全非。這時才知道好友的外婆，藏了一堆存款紙鈔在床下，結果也被損的所剩無幾。

這就像把食物買回來放在冰箱，不管是冷藏或是冷凍，避免壞了餿了。換句話說，資源不僅需要累積，也需要保護。

③擴大資源

人類和螞蟻搬食物到窩裡過冬最大的差別，就是除了「累積」、「保護」資源，我們還希望能透過「用錢賺錢」，把資源擴大。

定期存款除了能透過儲蓄進行「理財」之外，他所創造的利息是被動收入，一種擴大資源的「投資」。很多時候會有人告訴我定期存款利息的收入太低，讓人瞧不上，我會開玩笑跟他說：「不是利息太低，而是本金太少。」

想想看年利率 1%，如果本金有 100 萬，那麼利息收入是 1 萬元；如果本金是 1 億的話，利息收入就高達 100 萬了。或許有人會問說，本金要有一億，哪有這麼容易？

對啊，所以我們要拚命的「累積資源」，讓自己本金變多，同時還要小心「保護資源」，不要隨便把自己的錢亂投資。如果在沒有專業投資能力的決策保護之下，把錢拿去不對的地方想要擴大資源，這個時候虧損的機率大增，就不是投資，而是投機。

　　所以，回到開頭問題：「定期存款到底好不好？」或許在「累積資源」和「保護資源」考量下，定期存款這個工具是個不錯選擇。同時在「擴大資源」的投資學習道路上，如果可以找到更好的投資標的或工具，當然可以把金錢放在更好的選擇。要不若只想安穩的把本金變多，定期存款也可在投資道路上達到擴大資源的目的。

　　思維對了，工具如虎添翼，
　　思維偏了，工具形同虛設。

思考練習

檢視自己平時管理金錢資源的方式，透過「累積」、「保護」和「擴大」三方面，查看自己是否擁有好的投資理財工具？

33

被動收入
黃金值得投資嗎？

主要觀念

投資不僅在乎價格漲跌
投資更要在乎被動收入

　　有次應朋友邀請，參加了一場投資相關的讀書會，當天剛好作者也蒞臨現場，著實令人驚喜而且獲益滿滿。所有與會好友們，幾乎都把握住難得的求知機會，提出各種疑問來請教作者。

　　其中當然最常被提到的議題，就是要如何去選擇投資標的，才是比較明智做法？譬如說是要買股票、債券、土地、房地產，還是各種不同大宗物資、期貨，甚至是耳熟能詳的黃金？尤其是每當政治或是局勢動盪，又或者經濟景氣不佳的時候，很多人都會有一窩蜂搶購黃金的風潮。當天的讀書會，就有好些朋友，殷切的問說黃金到底是不是個值得投資的標的？

聽到這樣提問，作者似乎早已司空見慣，面露微笑而且氣定神閒地反問：「請問購買黃金主要目的，到底是為了什麼？」

幾乎大多數人，都不加思索地立馬回答：「為了賺錢啊！」也有少數人，稀稀落落的應著：「為了保值」、「為了不讓財產縮水」。甚至還有人，大聲地說了句：「為了逃命………」一下子讓在場所有人，忍不住放聲開懷笑了出來………

這時作者不疾不徐用眼神緩緩環顧大家，然後說：「對啊，所有人購買投資商品，或是黃金，都希望能夠增值，至少保值。但是，黃金除了往上漲之外，難道大家能確保他不會跌價嗎？」

所有在場朋友們，聽到這樣子提問，不禁面面相覷，有些人忍不住怯生生的回答：「當然會跌價啊，之前買的黃金，就因為跌價賠得好慘。」

於是，這位作者接下來很認真的和大家分享說，任何投資都可能有漲有跌，就算是股神巴菲特，也沒有辦法對他所有投資標的有百分之百會漲的信心。因此除了在乎投資標的漲跌，更重要的還要看能不能夠產生「被動收入」，也就是持續不斷地有「複利效應」，如同把錢存在銀行，本金會生出利息一般。

所以他說在這樣子觀念下，可以試著把投資分成兩大類：

①沒有被動收入的投資

②擁有被動收入的投資

①沒有被動收入的投資

例如黃金、買賣賺差價的股票債券、金融商品、期貨，以及沒有出租的房產等等。這些投資標的，純粹是靠「買低賣高」來賺取差價，獲得投資收益。換句話說，當我們購買這種投資商品，不管是自己或委託操作的專家，都必須具備極高專業程度，才能夠在「賺得多、賠的少」的情況下，累積更多資產。

如果沒有足夠專業，只是跟風人云亦云，很可能一不小心，就會遭受巨大損失，讓辛苦累積的資產化為烏有。

②擁有被動收入的投資

例如放在銀行的定期存款、賺取股息的股票投資、收取租金的房產等等，都屬於擁有被動收入的投資。這種投資商品特性，主要是不論標的價格或漲或跌，都可以因為利息、股息或是租金，而擁有長期不斷進帳的被動收入。

在這種情況之下，雖然投資標的會受到市場波動影響而造成價格起伏，但投資人仍可以靠被動收入增加自己的現金流。

這種被動收入，可以讓投資持續增值，也可以讓投資標的即便價格下跌，投資人仍然可以靠被動收入維持生活所需。更進一步地來看，當被動收入越來越多的時候，甚至不需要出賣我們的時間去賺取金錢，也可以讓我們的生命和時間有更多選擇權，這個才是投資帶來給我們最大的價值。

投資不僅在乎價格漲跌，
投資更要在乎被動收入。

思考練習

看看自己或家人的投資組合，哪些屬於被動收入，哪些純粹靠買低賣高的價差賺取收益？分析一下這兩種的投資報酬率，哪種比較好？需不需要調整自己的投資比例？

34

獲利選擇
退休金提撥可以當成投資嗎？

————— 主要觀念 —————
退休金提撥本質是種理財方式
退休金獲利本質是種投資選擇

　　很多人在公司上班追求穩定收入的同時，當然也希望在退休之後，能夠擁有豐厚退休金，讓自己在老年生活沒有後顧之憂。所以除了公司每個月會固定提撥部分的薪資比例，作為退休金之外，身為員工的自己，也可以依照政府允許的一定百分比（0-6%）提撥額外退休金給自己。

　　既然這種「額外提撥」退休金的方案，不是強制，而是有選擇性的，很多人會陷入不知該如何決定是好的窘境。簡單來說，就是要釐清兩個問題：

一、是否應該提撥部分薪資在退休帳戶？

二、到底要提撥多少比例才是比較適當？

認真說起來，這樣的問題與決策關鍵，可以分成兩個目的來看待：

① **理財目的**

② **投資目的**

① 理財目的

每個月把薪資的部分進行自動提撥，其實在本質上就是「儲蓄存款」的理財概念。

《獲利優先》這本書中特別提到，每當我們做生意賺錢，或是工作拿到薪水收入的時候，最好先把部分現金直接存到另個帳戶裡面去。

也就是把儲蓄存款變成「自動機制」。因為通常當我們擁有很多資源的時候，很容易浪費資源，而不懂得節約，這就是所謂的帕金森定律（Parkinson's law）。

（按：英國學者帕金森於著作中將其定義為：在預算之內，支出的需求會一直增加，直到所有資源被用完為止。）

171

因此當我們把收入放在身邊，如果沒有先預存部分下來，很容易沒有節制的消費，而把收入用罄，成為所謂月光族。相對的，如果在取得收入的同時，自動存下部分金錢，讓自己可用資源變少，在這樣設計之下，不僅讓我們不會過度消費，也能不自覺地達成理財目的，而把錢給累積了下來。

與其靠「意志」存款，
不如靠「自動」存款。

②投資目的

雖然儲蓄存款的理財活動非常重要，畢竟沒有把錢累積下來，就沒有機會進行任何投資和賺取被動收入的機會。

但問題是自動提撥的存款，如果是放在退休金帳戶裡面，等於把「退休金帳戶」當成是種投資標的。那麼除非退休金帳戶的報酬率比其他投資來得好，不然我們不一定要選擇把這樣子的提撥留在退休金帳戶。

譬如說，假設根據過去經驗，退休金帳戶平均報酬率是3%，而若我們投資也只會把錢放在銀行 1% 利息的定期存款，那麼這個 1% 利息收入遠低於 3%，顯而易見的知道退休金帳戶是個好的投資選擇。

可是如果本身已經是個非常專業的投資人，且根據過去操盤經驗，平均每年獲利報酬高達 5% 到 8%；那麼或許未必要把錢提撥進入退休帳戶，反而可以放在隨時提取的銀行，並靠本身投資操作，獲取更高的報酬。

　　理財就是為了投資，
　　投資就是為了獲利。

思考練習

檢視自己的薪資帳戶，是否每個月都有額外提撥退休金？如果有，提撥比率是多少？如果沒有，你是否有自動存款計劃，以及比退休金更高報酬的投資標的？

35

能力擴張
投資保守不好嗎？

─── 主要觀念 ───

保守未必是無所作為的止步不前
保守可以是知所進退的緩步向前

　　每次去幫企業上財務管理課程，到了下課或午餐時間，常常會有些同學過來聊天，分享彼此理財投資的心得和經驗。

　　記得當我分享巴菲特在其傳記《雪球》中，特別強調投資三大定律「**第一條、不要虧錢，第二條、不要虧錢，第三條、永遠記住前面兩條**」，幾乎無一例外所有人都會忍不住哈哈大笑，然後告訴我說：「這不是有說等於沒說一樣。」甚至有人會斬釘截鐵地做出結論，投資一定不可以亂冒風險，必須要保守一點。

　　這時我會趁勢詢問大家，所謂「保守」投資到底是什麼意思？而累積過去所有回答的經驗下來，不外分成兩大類意見：

①不要投資的保守：不做不錯

②不要投機的保守：多學多修

①不要投資的保守：不做不錯

　　第一種意見的人，簡單來說就是不要把錢拿去玩投資的遊戲。所謂「多做多錯、少做少錯、不做不錯」，認為只要乖乖地認真工作，賺取主動收入，不要把心思放在賺取投資的被動收入上面，就不會把錢給虧了。

　　尤其很多人在投資道路上曾經虧過錢，把辛辛苦苦工作賺來的資源賠了個精光之後，更容易拿著自己血淚史，諄諄告誡大夥兒，保守的投資就是少碰為妙。認真說起來，這個觀念沒什麼問題，只是既然都已經決定不投資，也就沒什麼投資操作，以及如何保守投資的問題。

　　其實，與其說是「保守」，這種認知倒不如說是「保本」。如此方式雖然不會讓自己金錢資產有損失風險，但是當然也就沒有機會透過「用錢賺錢」的方式，讓自己可以透過投資擴大財富。

②不要投機的保守：多學多修

第二種意見的人，會一邊學習投資的知識，一邊試著用有限資源練習投資，在慢慢進步的過程當中，緩緩地增加投資的金額。也就是避免自己在知識不足、能力有限的情況之下投入大筆資金，變成賭博型的投機，而不是投資。

就像我有一位年輕好友，雖然是個半導體產業的工程師，但是他從進入社會開始就持續不斷地研究股票市場，並且買賣各種不同產業的股票。重點是當他知道可以買零股的時候，即使他的手頭現金不多，也會用少數資金買進些高價好股票，並試著透過學習來的知識開始操作，修正自己判斷決策，豐富投資能力和經驗。

如今的他，除了仍然是半導體的工程師，但在投資領域裡面，已經是個擁有令人艷羨的被動收入，靠股息就可以生活，實現財務自由的投資達人了。

其實，這就是巴菲特所說的「能力圈」。做自己能力理解範圍的投資，選擇自己能夠理解的產業、公司和股票；才能夠讓自己在投資賺錢目的之下，「不會虧錢」，雖然保守，仍能前行。

保守未必是無所作為的止步不前，
保守可以是知所進退的緩步向前。

想想自己的投資心態，屬於保守還是不保守？

如果是心態保守，那麼你是藉由完全不投資來規避風險？

還是在逐步增加專業能力的同時，提高投資的獲利機會？

— 36 —

知識傳遞
怎麼挑選理財專員？

—— 主要觀念 ——
買的不僅是商品
買的更多是知識

身邊有位認識多年健身教練，也是網紅的好朋友，我不僅非常敬佩他自律精神和對健身相關知識的專業底蘊，更重要的是他還擁有營養師證照，對於飲食和健康相關的預防醫學領域，也是達人等級的存在。尤其是他俊美面龐，配上令人艷羨身材，每回我都忍不住調侃他，明明可以靠顏值吃飯，卻偏要用實力來輾壓眾人。

記得我曾經問過他，既然都已經把身材練到了這個地步，為什麼還特別要去考營養師證照？

聽了我的問題，他笑笑地告訴我，雖然他讓自己增肌減

脂，甚至靠健身運動、調整飲食變得更健康，但他只是知道方法，只是理解怎麼做會變得更好。可是他自許為「知識」網紅，真正他帶給別人的價值，不應該只是告訴別人「怎麼做」，更重要的是應該要別人了解「為什麼」要這麼做。

不只是要知其然，
更要知其所以然。

這讓我想到在大陸的銀行工作時，常會碰到客戶問我怎麼做財富管理，甚至直接問我怎麼挑選比較好的理財專員。

通常我會秉持著針對客戶痛點的態度，問他希望理財專員提供什麼樣的服務？很多時候，這些客戶會告訴我說，當然是建議怎麼配置資產，怎麼進行投資，甚至直接告訴他會賺錢的理財商品，這樣就可以省去很多麻煩了啊！

「除了告訴您怎麼做，難道您不會想要知道，這麼做背後的道理嗎？」我問。

「哪需要這麼麻煩，如果要了解這麼多，我幹嘛還需要理財專員？」客戶說。

「那如果理財專員離職？或是理財專員建議錯了，結果讓您虧錢，您又沒有辦法叫他賠償那該怎麼辦？」我追著問。

每當這個時候，幾乎大多數被我問的人，都會先是一愣，然後陷入沉思。

所以說「怎麼樣挑選理財專員」，要認真思考的是，我們到底希望從理財專員身上得到什麼東西？或者說滿足我們什麼樣的期待和目的？嚴格說起來，我們大多期望從理財專員身上得到的目的不外乎兩個：
①買商品
②買知識

①買商品

買商品，其實是希望理財專員提供好的金融商品給我們，讓我們可以透過這些商品到達投資增值獲利的目的。但回過頭來說，理財專員的工作本來就是要賣商品，而且常常是公司希望他們賣什麼，或者賣什麼商品能讓他們有更高的佣金或獲利，他們就會有推薦這些商品的傾向。

人同此心，心同此理；如果換個角度去思考，我們又何嘗不是如此？然而重點是，一旦把這樣子的投資商品交易之後，理財專員責任就告一段落，所有的盈虧都是由我們客人自負。在這種情況之下，似乎購買商品就不是唯一的目的。

②買知識

買知識，就是在理財專員推薦金融商品的同時，也可以藉著諮詢他們的專業，理解是什麼樣的知識背景，讓理財專員覺得這個投資商品適合我們需求。因為每個人投資目的不一樣，願意承受的風險，跟對於報酬期待也都不盡相同。

所以說，身為一個理財專員，對於每個客戶來說，不僅是把商品介紹出去，更重要的是把商品的知識分享給客戶，使客戶有能力去判斷，是否符合需求，並滿足期待。畢竟，最後的報酬也好、風險也罷，真正承受的都是客戶自己。

因此，不管是健身教練，或者是理財專員，常常在提供服務的過程當中「**既是分享商品，更是分享知識**」。「分享商品」是讓客戶「知其然」（要什麼＝ What），而「分享知識」是讓客戶「知其所以然」（為什麼＝ Why）。

總之，真正好的理財專員，或真正好的服務，要讓客戶：

不僅知道要什麼（What）
更要知道為什麼（Why）

回想被他人服務過的經驗，不管是健身、理財、餐飲、旅遊……，當我們挑選服務的商家時，只是簡單地購買商品，還是希望能夠提升自己知識，選擇真正屬於適合自己的服務？

37

獲利自律

只能靠投資賺錢而不能投機嗎？

主要觀念

投資要著重獲利的自律
投機要避免損失的焦慮

在大陸工作那幾年，因為經常東奔西跑、到處應酬，加上飲食作息不正常，不僅身體健康亮起紅燈，甚至身材也大幅走樣，整個人都變大了一圈。

後來回來台灣，在朋友建議之下，不僅開始好好運動增肌減脂，還去學習營養課程，希望能夠讓自己愈發健康，身形變佳，看起來更有活力。不過飲食和作息養成不是一朝一夕的事情，所謂「由儉入奢易，由奢返儉難」，明明知道過去飲食習慣不好，但是要讓自己全然聽從營養師建議，還真不是件容易的事。

我也把這樣子苦惱，分享給營養師好友知道。他笑笑對我說：「羅馬不是一天之內造成的；所以不用心急，只要一步一步來，慢慢地累積就會看見成效。」而確實時間力量非常強大，不到兩三年時間，不僅健康檢查上面紅字越來越少，而自己體重也減了將近二十公斤。

　　儘管看起來都很美好，但心中仍有疑問，於是有天碰到營養師好友，就請教他說：「規律生活和飲食方式，確實讓我找回了活力和健康，但在工作上，或好友聚會，還是會碰上打破規律和自律的應酬，那到底該怎麼去面對？」

　　看到我苦惱的詢問，營養師哈哈一笑說道：「您就輕鬆放開去享受應酬就好了啊，不要給自己這麼大壓力，平常的好習慣都已經養成了，偶爾放縱一下，不是什麼大不了的事情。」接著他告訴我，一個禮拜七天，每一天有三餐，我們一週共有21餐，就算偶爾有幾餐，不是依照我們計劃方式和營養調配去進行，也無傷大雅。

　　畢竟，大多數時間，我們都在健康的賽道上面奔跑，偶爾走出賽道，去看看其他的小徑，欣賞一下不同風景，反正還是會走回來，也是一種人生樂趣。

聽他這麼說完之後，我所有焦慮感，立刻大幅下降，反而讓規律和自律不再有壓力，而是種自在的生活樣貌。

⑤ 讓投資成為一種生活方式

同樣運用在財務思維，不管是理財或是投資也是一樣的道理。很多人會告訴我說，有紀律的把錢存下來，然後很自律的進行各種專業研究，接著讓錢生錢的被動收入能夠越來越多，這樣子的投資固然很好。但偶爾還是會想嘗試一下自己能力圈以外的「投機」活動。

例如購買大樂透，購置自己不是很理解的虛擬貨幣、甚至是完全不懂新興行業的股票等等。然後，這些人也會一臉苦惱的問我說，這樣子的「欲望」，是不是很不應該？

我就和那位營養師好友一樣哈哈大笑的回答，不要給自己太大壓力，買樂透只是幾十塊錢的事情，沒什麼大不了。

如果在投資上賺了不少錢，那麼拿少許資金去買虛擬貨幣，或者購置完全搞不清楚的股票，只要「**輸得起**」，換句話說就算是這些「投機」都賠光也無所謂，不會影響財富，那麼想想只不過「小賭怡情」，也就不會讓自己過度焦慮了。

投資的本質，是讓我們能夠規律的累積財富，並且成為一種日常的生活方式。然而人生的樂趣，本就來自不同多樣性，即使偶爾投機，只要不會造成大幅財富損失，也就不要讓其成為我們的焦慮。

投資要著重獲利的規律，
投機要避免損失的焦慮。

思考練習

檢視自己的投資方式，也就是過去用錢賺錢的被動收入工具，佔自己累積的財富比率有多少？
另外，你是否偶爾會花錢進行投機活動，而你投入的金額是自己能承擔的嗎？

38

學習增值

什麼樣的投資最抗通膨？

主要觀念

投資充實自身知識
累積對抗通膨漲勢

　　身旁的朋友經常會跟我抱怨，天下萬物皆漲，就是薪資不漲。換句話說，這種陳述背後的意義，說明了我們收入增加的幅度，趕不上所有商品價格增加的幅度。在這種情況之下，原來可以消費的東西買不起，原來可以享受到的服務，沒有辦法獲取，那麼很有可能讓我們的生活品質變差，至少在感受上會覺得變得拮据。

　　因此投資目的會變得更加關鍵；也就是要思考如何把增加不多的收入，放在對的地方，然後讓這些收入創造更多價值，進一步提升收入水平，超過天下萬物價格的漲幅。

每次聊到這個話題，就會引起很多人的興趣，甚至各種不同投資建議。包含買賣房地產租給他人當包租公、包租婆，投資能夠打敗通膨甚至是股票大盤的 ETF，或者共同基金，甚至是不動產投資信託基金（REITs）等等。

　　當然除了前述投資之外，節省花費也是種抗通膨的有效方式，甚至也要「投資」一些東西，才能夠達到節約的目的。

　　這就讓我想到從小老媽告訴我們，不要老是去貴的地方消費，多花點心力找找，投資一些你的時間，只要能夠找到便宜的地方買東西，省一塊錢就是賺一塊錢。

　　後來每當有人向我抱怨買東西很貴，尤其是日常生活的食物、食品、柴米油鹽醬醋茶，我就會告訴對方，或許你不一定都得到超級市場或大賣場採購，偶爾逛逛傳統市場或許會有不一樣的發現。許多朋友按照我建議去做的時候，常常會很驚喜的回覆：「真的是貨比三家不吃虧，沒想到有些東西的價錢，可以便宜到倍數以上。」

　　所以說，只要願意投資一點「時間」，選擇比較便宜的花錢管道，就可以抗通膨。

用實惠方式消費，
對通膨足以防備。

🪙 投資自己最實惠

另外有個在大學就讀的年輕朋友告訴我，在疫情之前他拚命賺錢打工的方式，就是在不同地方來回奔波擔任家教。沒想到疫情來了之後，他沒有辦法進行實體授課，於是特別去學習如何透過線上方式進行有趣的互動教學，反而開啟了另一個線上家教收入的來源。

重點是這個方式，不僅大幅減少了他交通往返時間，甚至他還把上課的過程錄製成線上課程，當成教材進行販售，又額外增加了一筆收入。根據他自己計算，疫情後的收入，增加了將近兩到三倍，遠遠超過通貨膨脹幅度。

提升能力增加收入，
超越通膨開創新路。

當然我身邊還有很多好友，他們對投資的態度，就跟巴菲特及其老師葛拉漢（Benjamin Graham）一樣，認為必須將投資視為一種專業持續認真研究。

這些人除了賺取股票差價資本利得之外，更多人每年光靠股息的報酬都可以高達 10% 到 20%。像這樣子的投資，早已超越了我們心目中懼怕的通貨膨脹幅度。

　　說到這裡，大家可能會有點疑惑，也就是似乎有各種不同的方式或投資，可以避免通貨膨脹對我們的影響。事實上，不管是花時間研究如何進行實惠的消費方式，或是努力尋求不同提升自己收入的管道，甚至是成為專業的研究投資者，讓報酬率能夠超越通貨膨脹率。

　　所有抵抗通膨的底層邏輯，最大的投資，都來自於自己知識的積累，進而提升價值以及決策的品質。

　　畢竟，通貨膨脹從來不是一個固定的變數，懂得審時度勢、因勢利導，隨著大環境變化，不斷地投資自己與時俱進，才是抗通膨的最佳選擇。

　　投資充實自身知識，
　　累積對抗通膨漲勢。

回顧過去一兩年，你是否有學習任何新事物、新知識，來提升自己並運用在生活和工作上？讓自己擁有更多省錢和賺錢的判斷能力，來應對通膨影響？

39

關注金流
如何看一家公司的前景？

主要觀念
從賺得到錢也收得到錢
從收得到錢也留得住錢

　　在剛進入創投產業的時候，常常會跟著有經驗的前輩參加各種不同新創說明會，或募資媒合會；也就是新創產業進行商業模式，以及現況和未來發展簡報，而我們投資人，會給予反饋及各種不同的建議。

　　記得有次聽取投資人簡報的時候，有位文創產業創業家，上台滔滔不絕把商業模式報告完後，竟然完全看不到有關財務的任何訊息。當他結束簡報，在我們投資人最後準備要提問環節，他開始一直不斷地強調，當初創業起心動念只是要完成他藝術的夢想，目的真的不是為了要賺錢。並且還語氣堅定的希

望所有投資人，都能夠理解他這份追求夢想的理念，就算不賺錢，也可以陪著他一路向前。

當他最後來了這麼段結語，身為菜鳥投資人的我都有點莫名了，「只為了圓夢，不為了賺錢」？搞得自己都不知道該如何進行提問，以及接下去的對話。

這時候有位大哥，看起來是位資深投資人，直接對他進行了靈魂拷問：「您真的不在乎賺錢嗎？」

「嗯，我認為人類因夢想而偉大，我會把夢想擺在第一，而把賺錢排在後面。」他毫不思索地立刻回答。

「那如果您沒有賺錢，讓公司無以為繼，又怎麼能夠完成偉大的夢想？」大哥繼續追問。

聽到這裡，這位創業家愣了幾秒鐘，然後突然口氣溫和地對所有人說：「因此才希望大家支持我的夢想，讓我有勇氣繼續向前行。」

「可是我們投資的夢想，就是為了要賺錢獲利，才能夠繼續向前行啊！」台下的大哥說完這個神回覆之後，把我們這群

投資人搞得哈哈大笑。

填飽肚子才能夠實現夢想，
實現夢想也要先填飽肚子。

每當回憶起這段經歷，都讓我深深感觸所謂的好公司，或者是評估公司的前景好壞，聽起來很難，實際上卻很簡單。就是公司要有足夠的資源，即為所謂的「現金流」，讓他能夠持續不斷地活下去，而且要活得久，還要活得好。簡單來說，好公司要時時關注三個目的：

①**賺得到錢**
②**收得到錢**
③**留得住錢**

①賺得到錢

公司存在雖然有各式各樣目的，想要達到各式各樣夢想，但是所有目的和夢想，都必須在持續不斷賺錢的狀況下，才能夠確保擁有資源去達到目的和完成夢想。所以關注公司有沒有辦法「賺得到錢」，是評量公司存續最關鍵的先決條件。若以財務的專業來看，損益表目的就是看公司是否賺錢的主要資訊呈現。

②收得到錢

除了公司賺得到錢之外，還必須要收得到錢，才代表是真正把錢賺到手。像我曾經看過一家公司，他的全年收入將近 1,600 萬元，但應收帳款竟然高達 2,000 萬。換句話說，這家公司全年的收入，幾乎是讓客戶用賒欠方式買單，而沒有收到現金。

這種情況下，如果到時候一不小心，不管是客戶賴帳，或是客戶因故倒閉，那麼這些看起來賺到的收入，等同於打水漂，看得到，但吃不到。所以，除了關注損益表賺得到錢之外，也要特別緊盯著現金流量表，確保應收帳款都變成現金，真正收到了錢，才是真正賺到了錢。

③留得住錢

我們常常說一個人真正富有，從來不只有賺得錢多，更重要的是他能夠留得住錢，讓自己淨資產變多，這個才是富有的實質意義。要不然如果賺得多，花得多，如同所謂的月光族，那麼就沒有辦法累積資產，成為別人心目中具有前景的公司。

這就是除了看損益表，知道「賺得到錢」的淨利，看現金流量表，知道「收得到錢」的現金流之外；更要看資產負債表

的淨資產，知道「留得住錢」的重要性，才能把這家公司前景，勾勒出完整全貌。

總之，不管公司明天或未來有多麼偉大，關注現金流這個最基本的資源，是財務管理最重要的核心。

從賺得到錢也收得到錢，
從收得到錢也留得住錢。

思考練習

除了評估公司前景是否賺得到錢、收得到錢及留得住錢外，你覺得個人理財，是否同樣適用這三個思維，來評估自己的財務狀況？

- -

- -

- -

- -

- -

- -

- -

40

量入爲出
投資創業多久獲利才正常？

───── 主要觀念 ─────
先想賺錢才想花錢
能早賺錢就早賺錢

因為擔任創投工作關係，所以身旁周遭好友，不管是已經創業，或是想要創業的人，都非常喜歡彼此交流，互相分享商業模式的思維，以及各種不同賺錢獲利的觀念、策略，還有執行有效的工具。

幾乎大多數創業者，都是白手起家，沒有太多資源。所以原則上，對於賺錢獲利是非常渴望，而也因為這種渴望，常常會問出類似：「創業之後多久獲利，才算是正常計畫？」這樣子的問題。

有次在創業家聚會場合上，一位新創業者就提出了同樣問題。然後，立刻有位企業家老大哥對著他說：「如果你一直沒有獲利，你手邊資金可以讓你活多久？」這位新創業者聽完問題後，呆楞在那邊想了一會兒，緩緩說道：「大概七八個月吧……」

這時候，企業家老大哥對著他說：「那你就沒有什麼所謂正常的計劃，你最好在七、八個月內趕快獲利賺錢。別人的計劃不關你什麼事，你要讓自己活下去，才是創業投資的硬道理。」

**沒有所謂正常計劃，
活下來才是好計劃。**

接著這些資深企業家們，分享著彼此的心得，幾乎所有人都指向一個非常簡單的結論，那就是「**賺錢獲利時間越早越好**」，最好是創業第一天就開始賺錢，甚至是因為賺錢了才決定開始創業也不為過。

創業前輩們還特別叮嚀，尤其是要特別小心手邊有些錢，或是有投資人給的資金，很容易在覺得自己有錢的情況之下，沒把賺錢獲利時間放在心上，以至於一不小心耗盡了資源，也

讓創業投資的夢想畫下了句點。

💰 加快獲利速度是不二法門

　　我有個二次創業的好友，曾經在我邀請來給創業家們的演講中，分享他第一次創業的時候，就是因為很快拿到投資人資金，結果大手大腳進行了很多花費，尤其是辦公室的裝修，以及每個月龐大的租金費用。結果不到一年多的時間，由於公司一直沒有獲利賺錢，卻過於快速的資金消耗，導致整個企業關門歇業。

　　現在他再度創業，也很幸運地再度拿到了資金，但這次他讓所有的員工都在家工作，沒有辦公室，需要聚會的時候就到咖啡廳見面。他說：「盡量節約不必要的花費，讓自己可以撐到賺錢大過花錢的那一天，才是創業投資最基本的思維。」

　　想想我在大學時代擔任兩個學生的家教，一開始上課地點就在自己家裡飯桌上，空間是免費、設備是免費，講義需要花費少許成本，所以兩位學生在第一天繳完家教費用之後，我就開始賺錢獲利了。

　　後來當學生增加到將近八位，我的飯桌沒法承受這麼多人，才去買了簡單折疊課桌椅，但即使是這個課桌椅花費，也

遠遠低於八位學生的家教費用。換句話說，我在量入為出的情況之下，有機會讓整個創業過程盡量維持在賺錢獲利的狀態。

就像前面那位資深企業家，後來給大夥兒的諄諄教誨，他說：「花錢是要用來賺錢的，如果不確定會賺到錢，就算花錢也不要大手大腳的花大錢。要不然一下子把錢花沒了，那麼賺錢的夢想也就煙消雲散了。」

這也是為什麼很多矽谷的創業家，都從所謂的「車庫創業」開始。其實本質，就是不要還沒賺到錢，便自己在辦公設備或其他不必要的成本上面耗費太多，才有機會讓自己的資源可以撐到賺錢獲利的那一天。

至於多久獲利才是好的計劃？如果您問我的話，就像我補習家教的經驗一般，當然是越快越好、越早越好，第一天就賺錢，其實感覺也蠻好。

先想賺錢才想花錢，
能早賺錢就早賺錢。

看看身旁朋友中，有沒有人可以分享一些創業經驗？
像是他們創業過程中，是如何規劃自己的賺錢計劃，而在
賺錢的過程中，花錢的進度和額度，是否也會跟著賺錢多
寡來調整？

41

生命週期
投資商品應該多久檢視一次？

主要觀念

新興投資商品隨時檢視
成熟投資商品定期檢視

從小到大，覺得一年有四季春、夏、秋、冬，這樣子的週期循環，是一個不言自喻的事情。

直到大學有次去上中文系的選修課程，聽到老師在分享莊子以及資治通鑑，然後說道：「夏蟲不可語冰，蟪蛄不知春秋」，才猛然醒悟，並不是所有的世間萬物，都有一樣對四季的理解，因為並不是所有的生命週期都能夠跨越四季。

如同有些只活在夏天的蟲子，就不知道有冬天的存在。就像俗稱蟬的蟪蛄，春生夏死，夏生秋死，因此知春而不知秋，

知秋則不知春，可見在牠們生命觀裡，不存在四季的思維。

後來到了研究所上投資管理課程的時候，曾經有同學問老師：「當我們投資一個商品，到底應該多久去檢視一下投資標的？」沒想到老師竟然用同樣概念，回答了這位同學，他說：「那要看您的投資商品，到底他的生命週期是長成什麼樣子？又或者您是否理解這個商品有著什麼樣的生命週期？」

⑤ 能力範圍內，兩種投資的檢視方式

這段往事讓我想到巴菲特和微軟的創辦人比爾·蓋茲（Bill Gates）有過的一段故事。

雖然他們兩個是忘年之交，就算比爾蓋茲一直邀請巴菲特投資微軟，但巴菲特除了象徵性地買了一張微軟股票當作彼此的友誼建立之外，沒有投資過多的資金在微軟上面。

因為巴菲特的觀念很簡單，他常常強調投資要關注「能力圈」，也就是不懂的東西不要投資，要不然閉著眼睛把錢放進去等同於投機。所以像巴菲特投資可口可樂、卡夫亨氏食品公司、美國銀行、美國運通等等，都是歷史非常悠久，而且大家耳熟能詳，甚至是你走在路上就可以看到這些公司產品，並且理解他們的營運狀況。

換句話說，這些產品或公司的生命週期，對巴菲特甚至是我們很多一般人來說，都是有跡可循，屬於「能力圈」範圍之內可以理解的投資標的。

然而網際網路時代開始，各種不同新興產業的推陳出新，速度越來越快、週期越來越難以捉摸，很多事物甚至才剛開始萌芽，便如同曇花一現稍縱即逝。

這種狀況之下，就像我研究所投資管理老師所說，首先要了解投資商品的生命週期到底是如何，才能根據他們的生命週期持續不斷地跟進追蹤獲利模式。

總的來說，可以歸納成兩種不同檢視投資商品的方式：

①隨時檢視：確認獲利生命週期

如果投資商品本身有任何新元素的加入，例如虛擬貨幣、區塊鏈、人工智慧等等，不管是新商品、新應用、新觀念，又或者是新市場、新定位，這個時候投資商品對於我們來說就是在一個學習的過程。

而學習的主要目的，就是確認投資商品的獲利週期或生命

週期，到底是呈現一個什麼樣貌。這個時候的做法就應該是隨時檢視，持續不斷地關注和觀察，並且建議不要投入大量的資金。如此一來，即使虧損自己也承受得起，而隨時檢視，也可以即時修正，調整投資策略進行彈性的應對。

②定期檢視：根據獲利生命週期

至於一些成熟的產品或者是產業，在投資的過程當中，可以透過歷史的獲利生命週期進行定期檢視。

這也就是為什麼巴菲特說他的投資策略非常簡單，因為這些投資標的對他來說獲利週期都相當穩定，例如可口可樂、美國運通和吉列刮鬍刀等等。所以除非有什麼特定的重大事件或景氣循環，對他來說只要定期檢視即可。

新興投資商品隨時檢視，
成熟投資商品定期檢視。

試著尋找一個新興投資商品，開始追蹤並觀察它的獲利生命週期，例如比特幣，看看它從發行開始到現在的價格變化，是否可以歸納出獲利週期，讓自己規劃投資策略？

42

助人爲樂
如何建立有用的人脈？

───── **主要觀念** ─────

人脈從來不是您認識多少人
人脈眞正的是您幫助多少人

在半導體產業任職的時候，有一段時間主要工作是進行流程改善，而我的角色是協助整合執行的專案經理。

剛開始擔任專案經理時，由於年紀很輕、意氣風發，常常想在各種不同場合讓自己展露頭角，所以有可能露臉上台的機會，就安排自己打頭陣，想要顯現自個兒光芒。結果這樣小心思，被我直屬老闆一眼看穿之後，他立馬找我喝咖啡懇談。

他很誠心的建議我，每次召開專案會議的時候，可以試著在開頭簡單把專案進度以及關鍵成員重要成就和大家分享之

後，就請主要成員匯報，並盡量邀請他們直屬主管參與聆聽，而讓我盡量退居幕後。

我聽完之後有點不以為然，但是又不好反駁，就淡淡問了老闆一句：「這樣子安排主要目的是什麼？」

老闆：「你可以幫專案成員加薪嗎？」
我：「不行啊。」
老闆：「你可以幫專案成員升官嗎？」
我：「當然也不行啊。」

最後他語重心長的看著我說：「你雖然不能幫這些專案成員加薪，也不能幫他們升官，但是如果他們還願意跟著你，一起努力奮鬥完成這個專案，是因為你至少可以做到一件非常簡單重要，又屬於你權利範圍內可以完成的事情………」我疑惑地問：「什麼事情？」

老闆語氣平和的一字一句告訴我說：「**就是讓他們被『看見』。讓他們的努力被看見，讓他們的付出被看見。**」他接著分享兩句，讓我好好咀嚼的話：

成功，就是幫助別人成功；

功勞，就是彰顯別人功勞。

接著他說我們常常聽到「一個人走得快，一群人走得遠」，然而一群人走得遠真正的底層邏輯是別人願意跟你一起走，這才是人脈最深層的意義。

⑨ 以笑容，與他人建立連結

在追求財富和幸福的道路上，「人脈」這兩個字是常被提及的關鍵詞，只是到底什麼樣才算是人脈，而又怎麼樣建立人脈能真正對我們有所助益，卻很容易讓許多人迷惘。對我來說，最喜歡的定義是：

人脈從來不是您認識多少人，

人脈真正的是您幫助多少人。

細細品味之後才發覺，這完全符合財務思維的定義，畢竟「認識」並沒有產生真正的連結，就像我們認識好多的金融機構或銀行一樣，並無法讓我們致富。但是當我們開始幫助他人之後，如同把錢儲蓄存款一般，開始和別人產生了深刻連結，

助人越多，存款越多，資產越豐盛，未來就會有更多類似複利效應的價值產生。

或許會有人問：「那要怎麼開始助人？」

這讓我想到有次到朋友家作客，飯後他帶著我到附近便利超商，想要買杯熱美式咖啡請我喝。走著走著還特別告訴我說，這是他最喜歡去的一家超商，還讓我猜猜是什麼原因？

我猜了半天猜不著，結果他說是因為這家的每個服務員笑容都好燦爛，只要來這邊買東西，就會有幸福的感覺，而他也發現這家便利超商的人潮，好像也是附近人潮最多的。

記得《卡內基的人際關係與溝通》（*How to Win Friends & Influence People*）書中也提到，如果不知道人際關係該如何建立，那麼就微笑做起吧！原來一抹微笑就可以讓人感受到快樂，體會到幸福，還能夠拉近人與人之間關係，建立起助人最簡單的人脈，甚至還會帶來錢脈。

如果還想不到如何助人來建立人脈，那麼或許微笑是個不錯的開始。

你有沒有幫助過別人的經歷？試著回顧並檢視你是否有與他人建立起更深刻連結，甚至是更深厚的友誼？如果幫助別人之後，得到不好的反饋，又該如何面對和處理？

CHAPTER. 4

家庭財商

提升全家財商，
幸福更有本錢

門當戶對
夫妻要怎麼共同理財？

———— 主要觀念 ————

理財先理價值觀
價值觀同財好管

　　小時候聽大人們在談話間，說到男女交往要考慮「門當戶對」的時候，並沒有太大感覺，畢竟距離自己太過遙遠。漸漸當年紀稍長，看到電影《梁山伯與祝英台》或其他貧窮公子遇上富家千金的淒美愛情故事，開始覺得「門當戶對」似乎有點對貧窮人家的歧視？

　　後來看過某個電視劇，說一個 40 多歲的大叔急切想要結婚，但是孤家寡人又事業未成，所以許多女孩看到他這窮酸樣，都不願和他交往。直到大叔某次因緣際會見義勇為的事蹟，讓一個陌生女孩對他產生好感，進而有了交往的機會。

　　殊不知這位女孩的社經地位頗高，而且本身是位富家千金，所以不管任何場合的消費，或是對男方朋友的送禮及款待，都極為大方。而這種大方，反而讓男主角莫名產生自卑情結，處處感覺女主角在用錢對他施壓，結果這段感情就在看起來門不當戶不對的情況之下告終。

　　雖說電影歸電影、電視劇歸電視劇，但現實生活中，身旁朋友男女之間交往，又或是結為連理後的夫妻生活，由於原生家庭或男女雙方對金錢價值觀的不同，很容易在理財時候產生極大衝突。

　　所以後來每當有人問說夫妻要如何共同理財，雖然我都未必會把「門當戶對」這四個字拿來當作衡量標準，但都會分享對於「金錢價值觀」的溝通或聚焦，是非常重要的一個過程。原來「門當戶對」，從來他的底層邏輯指的並非僅是家世，更多的是思維和認知。簡單來說，

思維影響行為，
行為影響成為。

　　理財在夫妻之間，從來不是一個人的議題，更是家庭共同目標，因為理的不僅是財，理的其實是彼此的價值觀、心念和思

215

維。所以，總的來說，只要夫妻一條心，理財的結果不管是不是如預期，至少家庭的幸福不會因為錢的問題造成衝突。畢竟，理財只是工具、手段，幸福才是實質的想要和目的。因此夫妻可以從三個方面，去思考讓理財觀念進行整合和彼此交流：

①賺錢：收入多元

由於夫妻雙方來自於不同家庭，對於收入賺取方法常會有著不同的思考模式。就像來自父母親都是上班族的家庭，可能會把「穩定」的鐵飯碗，當成主要金錢來源。但除了上班，不管是創業或投資，雖然一樣會有風險，也是能夠創造致富的賺錢機會。

所以夫妻之間在探討收入來源的時候，可以分享彼此對「風險」承受，以及對金錢收入的「目標」欲望，就能在平衡風險與目標的情況下，避免夫妻間衝突，又可以達到「多元收入」的目的。

②花錢：量入為出

夫妻要做好家庭理財，靠著從來不僅是收入來源多寡，更重要的是把錢存得下來，才能夠有足夠的財富積累，所以「量入為出」就是個最簡單的理財邏輯。要不然賺得再多，如果碰上花錢如流水的另一半，花的比賺得多，也就沒什麼財好理。

　　然而，也並非賺錢不花，當成守財奴、鐵公雞就會讓家庭幸福。除了日常食衣住行消費之外，夫妻間可以訂立存錢投資，並建立被動收入的目標。像我身邊有些夫妻好友，有的靠出租房子收取租金、有的是賺取股票股息紅利，甚至有人純粹只靠定存收入的利息，就讓家裡每年都有被動收入，當成犒賞家人花錢的獎金大禮。

　　而用這些被動收入，不管是買奢侈品、參加高檔旅遊，甚至去吃美食、買新裝，都不會動到財富的本金，又能夠享受財富帶來的幸福，可謂賺得開心，花的快樂。

③管錢：體諒分工

　　至於夫妻財富到底是應該由一個人管、還是分開管，從來沒有一定規則。這就跟公司分工是一樣道理，需要彼此協調溝通，更需要互相體諒認同。

　　我非常喜歡一句話：「家，不是說道理的地方。」

　　因此，與其說要「責任分工」，倒不如說是「**體諒分工**」，更是管錢理財的好作法。以前一位長輩對我說過：「家人彼此搶著自己幹活，就會和樂融融；家人互相指使別人幹活，就會水火不容。」

要求別人是痛苦的開始，
要求自己是幸福的開端。

先能好好管心，
才能好好管錢。

思考練習

以自己原生家庭為例，回想父母親在賺錢、花錢及管錢這
三方面，是否看法一致？而他們平常又是用什麼方式，來
溝通理財觀念？

44

潛移默化

你會和孩子談錢嗎？

主要觀念

如果沒學到就沒法知道
如果有學到就能夠知道

在企業內訓時，我常常問學生，大家小時候有沒有被父母親或長輩督促說要好好念書，將來長大才能「找個好工作」去賺錢？幾乎所有學生，都會舉手或點頭稱是。

接著我再問學生，是否有父母親鼓勵孩子唸書，是要大家長大後能「創業」賺大錢？這時候，幾乎很少有學生舉手了。

到最後我再問大家，是否有父母親要孩子們像巴菲特一樣，期望長大後做個投資家去賺錢？這麼多年以來，我還沒有見過任何一個學生舉手。

畢竟，父母親對於賺錢的觀念，也是來自於他們過去經驗的認知。如果父母親或長輩從來沒有過創業的想法，甚至根本不知道巴菲特這一號人物，不知道可以靠投資賺進令人稱羨的身家，那麼他們又怎麼可能將這種觀念傳遞給孩子？同樣的，孩子們如果沒有被灌輸在心中，除了上班工作賺錢以外，還有其他「選擇」的存在，自然而然長大後就不會把創業或投資，當成是謀生或致富的目標。

🪙 理財教育，越早越好

　　所以，每當有人問我該不該和孩子談錢的時候，我的答案都是「應該談」，而且是越早談越好。至於談什麼比較好，我的答案是「談什麼都好」，就跟吃東西一樣，不讓孩子挑食，孩子才有機會認識各種不同的食物。

　　記得女兒大概四、五歲的時候，有次我帶她去家裡附近散步，由於天氣炎熱，我們逛著逛著，逛進了一家超商裡面，除了吹吹冷氣，也藉機會休息一下。由於不好意思在超商裡面待太久又沒有買任何東西，我就拿了個 10 元硬幣給女兒，讓她去選擇超商裡面想買的食物。

　　沒想到從來沒有自己買過東西的女兒，接過了 10 元硬幣

之後，竟是一臉的茫然。這時候我才驚覺，原來「金錢」在女兒生命當中，還是一個沒有意義的概念。

於是我告訴她，看想要吃什麼，可以在便利超商裡面找找看，然後拿著想吃的食物，以及 10 元硬幣去給櫃檯服務人員。

女兒拿了好些東西，不管是乖乖、口香糖、巧克力，或者各種不同餅乾，都因為價格太貴，10 塊錢買不起，就被櫃檯的服務人員很溫柔的拒絕了。直到最後不小心挑了一罐養樂多，它的價錢小於 10 元，才讓女兒帶著找回的零錢，以及她第一次買的戰利品回來和我交差。

這時我明顯的感受到，透過這次買賣和交易，她終於理解了「金錢」是可以交換她想要的東西。所以，讓孩子買東西，也就是透過「花錢學交換」，是讓他們知道金錢意義的第一步，而這也是用「行動」和孩子們談錢。也因為這次經驗，我開始不設限的利用各種機會和孩子們分享金錢的各種認知、觀念，以及使用場合。畢竟，金錢就像所有知識一樣，

如果沒學到，孩子就沒法知道；
如果能學到，孩子就能夠知道。

不談錢，不知錢；

早談錢，早知錢。

　　既然金錢是我們一輩子都需要的資源，而這個資源是讓我們生活仰賴的重要因素和知識，那麼應該盡早和孩子們多分享、多交流，才是父母親理所當然的職責。

思考練習

回想自己小時候，最早對錢有概念是什麼時候，又是誰教自己的？而在成長過程中，影響自己對於金錢或財富觀念最深的人是誰，他是如何跟你分享金錢的觀念？

45

生活財商
到底該不該給小孩零花錢？

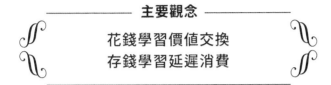

主要觀念
花錢學習價值交換
存錢學習延遲消費

記得開始給女兒零花錢，是她們上小學一年級的時候。事實上，女兒平常食衣住行所需花費，幾乎我們父母都可以滿足或幫著購置，所以實際上零花錢的目的，純粹只是讓她們學習拿著錢去「交換」想要的東西。

但是，當每個月底她們知道可以拿到錢的時候，都能感受到女兒那種非常期盼並且殷切希望能夠即時領到零花錢的心情。在那個剎那，突然發現孩子期待獲取零花錢的感覺，幾乎就像大人每個月期待薪資的模樣，這才理解原來零花錢的底層邏輯，對於孩子來說，本質上就是賺錢的開始。

而她們對於賺錢所付出的代價，就是等待的「時間」。這也是孩子們第一次體會到用時間所等待交換來的金錢，可以透過消費交換到她們所想要的東西。

時間交換金錢，
金錢交換想要。

　　記得有次女兒拿到零花錢之後，興沖沖地告訴我說，最近她發現原來養樂多有兩種不同的品項和價格，一種是一瓶 10 元，另外一種是一瓶 8 元，而且她喝過後感覺兩個口味沒有太大差別，因此她決定以後只買 8 元的就好。接著她很得意的進一步總結心得，因為這樣子每喝一瓶就能省 2 元，喝了 5 瓶之後又可以多喝一瓶。

　　這時候我才理解，原來讓女兒自己用零花錢買東西，不僅可以學習價值交換，更可以讓她們知道如何透過有限的資源進行比價、議價，進而去滿足更大的想要。

花錢比價學習節省資源，
節省資源滿足更大想要。

　　甚至在給女兒零用錢一段時間後，有天我突然發現在她

書桌上多了個美輪美奐的存錢筒，我忍不住把它拿起來掂量掂量，發現它已經存了許多沉沉的硬幣。

在好奇心驅使之下，我問女兒為什麼想要把錢給存下來，畢竟一開始我對零花錢的定義是讓她拿來「零花」用的，而女兒竟然沒有花掉，而是存起來，反倒讓我始料未及。

聽完我的提問，她不疾不徐地告訴我說，因為她看上了一個非常可愛的小禮物，但是價錢比她每個月零花錢來得高，所以她想要把零花錢給存下累積起來，到時候等錢足夠多的時候，就買下來作為自己的生日禮物。

這一刻女兒的反饋，讓我學習到原來零花錢不僅可以拿來零花，購置些小東西、小食物，滿足小確幸。更重要的是當想買價格更高的物品，還可以把零花錢給攢下來，延遲消費欲望，為了更大目標培養存錢儲蓄的習慣。

延遲消費欲望，
培養存錢習慣。

也因為這一連串給予女兒零花錢所帶來的經歷和體驗，讓許多其他父母問我說該不該給孩子零花錢的時候，我都會毫不

猶豫地說：「應該」。畢竟，從給予零花錢開始，就可以讓孩子學習「理解賺錢」、「價值交換」、「比價節約」、「延遲消費」以及「養成儲蓄」，還有什麼能比得上這麼划算又價值非凡的生活財商教育。

試著回想自己對於零花錢的處理方式，以及應用的觀念和歷程，是否有如文章所說的財商學習？若已經有子女的父母，是否也可以透過零花錢，觀察理解在孩子身上所發生的財商機會教育？

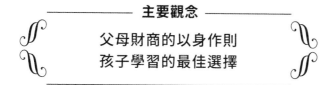

以身作則
為什麼生意囝仔難生？

主要觀念

父母財商的以身作則
孩子學習的最佳選擇

　　記得有次去國中為學校的孩子們還有父母親做一場公開演講，題目是「親子財商，幸福人生」。在演講分享過程當中，我特別強調生活和職場可以有多元選擇，因此不斷嘗試、利用開放心態去接觸體驗不同事物，每個人就有機會擁有更多選擇權，不僅賺取財富，還能獲得幸福。

　　以前我們聽到評價一個人，如果用「滾石不生苔」，常常意涵貶低在職場或興趣上變來變去，那麼就不容易有所成就。然而，如果人的一生在尋找方向的過程當中，因為安於現狀而不去探尋真正適合自己天賦的機會，那麼就算穩定，就算滾石

生苔，也可惜了無法發揮天賦，以致於暴殄天物的機會。

這場演講得到了許多父母親認同，甚至在會後，有很多人都來和我分享，並詢問該如何帶著小孩去參與各種不同多樣的人生試煉。

當時有位媽媽特別和我訴苦，說她一直想讓孩子去嘗試各種不同興趣，但是不管怎麼威脅利誘，她的小孩對於去參加各種不同課外活動，又或是夏令營、冬令營，就是不為所動，真的非常令她傷透腦筋。

看著這位滿臉苦惱的母親，我很溫柔地請教她說：「這位媽媽，您自己除了工作和家庭之外，平常有參與什麼樣的活動，或是培養什麼樣的興趣嗎？」

聽到這樣子的詢問，這位母親立刻正襟危坐起來，滿臉嚴肅地對我說：「我哪有那個美國時間，每天忙著孩子還有工作都已經把我給累死了，怎麼還有閒情逸致和心情去選擇和做自己喜歡的事情？」

等她稍微激動的情緒平復之後，我繼續請教她說：「那麼

您的孩子時間比較寬裕，比較空閒，目前是處於不太忙的情況嗎？」

我才剛問完，她立刻加快語速對我說：「那怎麼可能？現在的學生在升學壓力之下競爭一個比一個厲害，除了學校課業活動，還要參加補習，每天忙得跟鬼一樣，怎麼可能閒得下來？」

「喔……原來如此～～～」我故意拉長了語調，然後對這位媽媽說：「您每天累得要命，所以沒有時間去尋找和選擇自己喜歡的活動和興趣，而您的孩子也好辛苦、好繁忙，累得跟鬼一樣，是嗎？」

「對啊！我們都忙得、累得跟鬼一樣。」這位媽媽說完之後，好像突然間明白了些什麼，微笑靦腆地對著我說：「老師，我知道了。」

如果父母做不到，
為何孩子做得到。

相信沒有任何父母親會想要讓孩子過得不開心、不快樂，

所以如果孩子已經忙得跟鬼一樣，那麼想想我們自己的生活狀態，或許放他們一馬，也是放自己一馬。反過來說，如果在忙碌生活當中，父母親可以多愛自己一點，在忙裡偷閒的狀態之下，給自己留一點點時間、留一點點空間，去尋找自己想要的幸福，那麼也是一個機會教育，和以身作則的典範，用行動告訴孩子說，父母可以，你也可以。

因為我可以，
所以你可以。

小時候聽別人說生意囝仔難生，一直以為這種會做生意的小孩必是與生俱來的天賦，所以不容易發掘。後來才體會到，父母親是孩子們榜樣，是孩子們學習典範，而父母親用的教育往往來自於「祖傳祕方」，孩子們自然而然會有樣學樣。如果家長們可以透過學習，與時俱進擴大認知，讓自己知道除了賺錢之外，人生還有不同選擇，那麼孩子也有機會耳濡目染、潛移默化的把觀念和思維突破局限。

父母財商的以身作則，
孩子學習的最佳選擇。

如果想讓孩子過得好，
先試著讓父母過得好。

想想自己從小到大，有沒有將父母親當成模仿對象，甚至未來生活或職場的榜樣？而想讓自己和父母親一樣的原因和動機是什麼？

47

獨立自主
如何培養孩子們主動積極態度？

主要觀念

與其無風無雨的溫室
不如迎風追雨的膽識

記得第一次讀到《與成功有約：高效能人士的七個習慣》
（*The 7 Habits of Highly Effective People*）時，我還在大陸工作。

那時候史蒂芬・科維（Stephen R. Covey）這個名字我聽
到好多人推薦，在好奇心驅使之下就買來讀了。

後來我在分享財務思維的時候，也常常把裡面觀念拿出來
運用，尤其是七個習慣的第一個習慣「主動積極」更是常常被
我掛在嘴上。畢竟想要理財投資，並且過上致富幸福的生活，
需要持續不斷與時俱進地學習和執行，所以靠自己、不靠別人
的「主動積極」是非常核心的關鍵。也因為這樣子觀念推廣的

關係，很多父母親會詢問怎麼樣才能把主動積極的想法，深入孩子們的行為中去。

這讓我想到另一位我非常喜歡的古典老師，也是《拆掉思維裡的牆》這本暢銷書作者，有次在演講中分享的故事。由於古典老師本身是位職業生涯規劃服務的教練，所以常常會為一些年輕人的工作發展提供建議。

有次一位年輕人來找他諮詢，開門見山地告訴古典老師，說他老爸實在非常搞笑，而這個開場白也讓古典老師一下子來了好奇心，問他為什麼會有這種感覺？

這年輕人陳述他自己其實是二代接班，而父親是從無到有白手起家的創業者。他說自小老爸幾乎幫他做所有決定，從讀哪所幼稚園、哪所國小、哪所初中到高中，甚至是後來大學以及選讀科系，然後幫他安排到國外唸書還有指定專業，這一切的一切，都是他老爸說了算。

就算到了最近學成歸國，也是應他父親的要求準備才回來接班。

說到這裡，這個年輕人稍微停頓一下，然後自顧自地笑了起來，並告訴古典老師，說他的父親前幾天特別找他懇談了一

番，並很慎重的希望讓他準備接班，最重要諄諄教誨的是要他開始「主動積極」一點，並能夠「獨立自主」做決策和判斷。

當他聽到老爸這麼說的時候，內心都忍不住快狂笑了起來。因為他突然感受到，這就好像是老爸跟他一起玩著手機遊戲，然後從第一關打怪開始，他老爸就不讓他自己玩，而決定幫著兒子打怪。接著老爸一路過關斬將，等打到後面幾關的時候，過不了關了，才把手機交給兒子說：「我就幫你打到這裡，接下來要靠你自己完成了。」

聽完這個年輕人的故事，古典老師說他們兩個人都無奈地相視一笑，彷彿都心領神會，這就是許多父母親的縮影。父母們一路都很認真用自己想法，執著地保護著孩子、用心鋪路給孩子、希望把最好的都留給孩子。最後把孩子教育成巨嬰般的媽寶，卻希望有天孩子長大，當父母親沒有辦法在身邊陪伴的時候，能夠突然一夕之間堅強茁壯，承受一切未知歷練和磨難。問題是，

從來沒有闖過難關，
怎麼能夠勇於過關？

俗話說「羅馬不是一天造成的」，主動積極也不是一天養

成的，我們常聽到的「千金難買少年貧」，真正的意義不是要我們從小出生在窮人家。而是希望我們打小的時候，就能夠有機會面對各種不同的疑難和問題，才能夠有試錯和解決面對修正問題的能力。

所謂的「關關難過關關過」，就是從主動積極到獨立自主最好的一句演繹。因為必須要突破一關一關難過的關卡，然後在一關一關持續度過的情況之下，所有經歷和挫折會成為最好養份，才能讓孩子無懼風雨長成參天大樹。

與其無風無雨的溫室，
不如迎風追雨的膽識。

思考練習

回想自己成長過程當中碰到困難的時候，和父母親互動是什麼樣的模式？而這種模式的影響是讓自己變得更主動積極，還是更加的容易推托依賴？

48

保險規劃
意外發生緊急備用金該要多少？

主要觀念
積極做好保險規劃
持續累積被動收入

在我國中二年級，十三歲那年遭逢了人生當中完全沒有預料到的變故，像心中大樹般的父親突然罹患了肝癌，在短短的時間之內離開了人世。

記憶當中老爸是個身強體壯的職業軍人，後來轉戰教育界擔任教官，因為任職學校的關係，全家便從中部搬到北部，而母親辭掉了原來打字小姐的工作，父親也成為了家中唯一的財務支柱。原以為生活會這樣平穩的度過，沒想到新生活才開始不到兩年多時間，竟然所有夢想，就如泡沫般的破滅。

　　除了失怙喪父之痛，帶給心靈上巨大的傷痕，更重要的是家中所有生活收入的主要來源斷了線，感覺生計突然陷入了困境。雖然家裡原來還有點積蓄，身為軍人的老爸也還好在醫療上面，有優於一般人的補助，但父親在治病過程當中，各種不同的偏方中藥購置，以及家人四處奔走的花費，也成為一個不小的負擔。

　　身為長子的我，當時只是個初中生，但是肩上壓力也感覺瞬間讓自己長大不少，這就是為什麼我後來一直把財務思維和賺錢投資學習念茲在茲的放在心裡。

　　回顧那段過往，讓我真實感受到「人生真的永遠不知道，明天和意外哪個會先到來。」而幸運的是，在整個過程當中，讓我學習到了在意外來臨之前，應該認真作好準備的兩件工作是什麼？

①意外資金需求：保險規劃

　　雖然父親在生病的時候，還是需要一些額外的中藥偏方花費，但是比起他的住院需求以及各種癌症治療，相對來說還算是少的。也幸好老爸父親軍人的身分，不管是補助或者相關的優惠，都讓我們的壓力大幅下降。

這段經歷，也讓我後來建立起非常重視「保險」的觀念。或許一般人沒有辦法像軍人般，在意外來臨時，有類似的福利和節約方式，但是透過保險規劃，可以達到同樣效果，讓自己避免突如其來的財務巨大壓力。

畢竟，緊急狀況的發生，常常會讓心理打擊巨大，如果還伴隨著外界更大的財務壓力，無疑是雪上加霜。保險規劃，可以說是一個未雨綢繆，讓自己遇事不怕事的極佳準備。

②日常資金需求：被動收入

當父親過世的時候，母親雖然積極想要尋找工作，但是可以感受到那種家裡頓失收入造成母親心中的恐慌，就算是身為孩子的我們，都可以明顯感受得到。

不幸中萬幸的是，除了我們家庭本來就花費非常節儉之外，父親軍職的身分讓他在過世之後，可以給遺眷有定額的撫恤金；雖然為數不多，卻足以讓母親找工作且沒有收入的那段期間，給予我們生活一定的補貼。

後來每每回憶起這段經歷，我就覺得這撫恤金，等同於家中的「被動收入」。因為不論什麼狀況發生，只要被動收入大於平日的主動支出，即使突然家中成員的工作收入頓失，也不

會陷入財務的愁雲慘霧。

　　無論如何，我們永遠不知道緊急狀況到底會需要多大的資金需求，而防患未然，是永遠不嫌晚，永遠不嫌少的最佳準備。

　　積極做好保險規劃，
　　持續累積被動收入。

思 考 練 習

檢視自己的保險規劃，能夠涵蓋哪些意外和緊急狀況的發生？並且計算一下自己的被動收入，是否能支應平日的主動花費？

CHAPTER. 5

自由 > 財富

你真正該在乎的
是核心價值

一切由己
怎麼樣可以財富自由？

主要觀念
財富自由更要在乎自由
自由等於能力減掉欲望

　　每次只要聊到「財富自由」這四個字，幾乎大多數人都會流露出期盼冀望的眼神。重點是一旦要繼續追問下去，大家對「財富自由」的定義是什麼時，五花八門的答案就開始令人眼花繚亂了。

　「想買什麼，就能夠買什麼。」
　「愛怎麼花錢都可以。」
　「可以再也不要上班，不怕被老闆刁難。」
　「每天可以輕鬆自在睡到自然醒。」
　「買衣服、吃高檔餐廳都不用看標價。」
　「一天到晚去遊山玩水。」……

記得有回大夥聚會喝咖啡，聊起財富自由這個話題，有位老大哥不經意問大家，覺得「財富自由」要怎樣才可以達得到？這麼一問，大家立馬來勁兒，七嘴八舌的互相討論，彼此交流了起來。

「要存很多錢啊……」有人說。

「就算存很多錢，也要小心不要養到個敗家子，或娶到個拜金女。要不然三兩下就把存的錢給花光了。」一位事業有成的創業家輕鬆回應者，引來大家的歡笑聲和認可的點頭。

「對啊，要存很多錢，也要保障這些錢不會被別人拿走，更重要的是還要有一副健康身體，要不然賺了錢不是自己花，那不是更冤？」另外一位健身教練娓娓道來。

「不過，要存很多錢，可能對於每個人的目標，也不一樣。」

「是啊，最後還是要有被動收入。」

「沒錯，而且這個被動收入，要大於平常一般的花費，那麼就算不想工作，也可以支應自己的生活消費。」

「真的是如此，每個人的生活花費都不一樣，所以要求的

被動收入也不見得相同，看來要存多少錢這件事情，每個人也是不盡相同。」

「很多有錢人看起來不見得快樂，感覺也未必自由」……

是啊，有錢也未必自由。其實，認真思考每當提到「財富自由」的時候，其真正核心的關鍵似乎不一定是「財富」，而是對「自由」的渴望。我曾聽到過一個非常喜歡的定義，或者說是個公式：

自由＝能力－欲望

如果用簡單的薪資收入當成是「能力」，那麼即使一個月賺三萬元，只要消費「欲望」低於三萬元，也可以讓自己有著自由的心態。可是當自己的欲望超過三萬元的消費，就一定不好嗎？

記得有人說過，欲望是推升人類前進的動力，所以當每個月都想花費三萬元以上，那麼只要持續提升讓賺錢能力超過三萬元，一樣可以使自己享受自由的狀態。

當能力不高，降低欲望，就可以自由；
當欲望較高，提升能力，也可以自由。

換言之，

欲望是自己說了算，

能力是自己說了算，

自由是自己說了算。

每當我問別人是否想要財富自由的時候，幾乎所有人都不假思索的說想要。但繼續追問到底希望何時能夠財富自由，很多人都容易愣在那，接著用不確定的語調說：「當然是～越快越好啊。」

既然，越快越好或許你也能換另一個角度來看，如果……

欲望自己做主，

能力自己做主，

自由自己做主。

自己說好，

那就是好。

越快越好，

這不挺好。

關於「財富自由」，你是否有明確的定義和時間表？
透過本篇文章，你是否對財富自由產生不同的認知，進而
產生不同的行動方案？

50

時間管理

該如何同時做好很多事情？

不要高估一年完成的事情
但卻低估十年成就的功業

記得剛從半導體產業轉赴大陸到金融行業工作，一切幾乎都是從無到有，不管是辦公室租賃裝潢、員工招募、公司制度建立，甚至是各種營業相關證照的取得，每天幾乎都被大小事追著跑，不要說沒有興趣休閒，常常連吃飯都覺得有點浪費時間。

忙了一年多之後，直到大部分業務慢慢上軌道，才有喘口氣的感覺；但這時加班似乎已經成為常態，就算可以正常下班，也不自覺東混西摸搞到九、十點才慢悠悠晃回到住處。

後來因緣際會參加一位教授的飯局，他在席間特別分享了一段話：「我們常會因為外界壓力，而做著自己不喜歡的事情；然後會因為習慣，就算在壓力解除後，也仍然無意識地持續做著自己不喜歡的事情，進而浪費了生命最寶貴的時間。」

聽完他的話之後，我瞬間整個雞皮疙瘩從頸項之間冒起，因為「習慣性加班」對我來說，似乎是他這段分享最好的印證。

第二天到了公司，我立刻跟秘書說從當天開始，盡量將要簽核的文件，又或者是需要召開的會議，都在下班前一個小時進行安排。而我也開始盡量準時在六點下班，並且讓團隊成員不會因為我的加班而有準時下班的壓力。

也因為如此安排，不僅自己脫離加班魔咒，更讓自己六點多回到住處，且突然發現一整個晚上多出了好長時間可以進行運用。耐不住喜悅心情，第一天準時下班的時候，開始用筆寫下了日後每天晚上的行程規劃，也就是類似所謂的課表：

18:30 晚餐
19:30 吉他或二胡練習
20:00 國標舞練習
21:00 撰寫部落格文章

21:30 運動健身瑜伽
22:00 閱讀
23:00 洗澡上床睡覺

　　記得第一晚寫完之後心情無比雀躍，覺得自己即將要展開成就自我的生活。但是，這種亢奮情緒只維持了不到兩天，事實上第二天我就開始覺得不太對勁了，為什麼會搞得下班感覺比上班還要累。到了第三天乾脆直接耍廢，把行程表放在一邊什麼事都不想幹。

　　在那個當下，我竟然突然想明白了一件事情，**其實我不需要填滿所有時間**。與其因為心裡有壓力而導致什麼事情都不想做的耍廢，或許我只要做一件事情，不僅輕鬆愉悅，也同時可以讓自己的生命有所進步。

　　這麼個轉念，讓我把原來每天做五件事情的行程，改成每天只做一件事，至於做完一件事之後仍有多出來的時間餘裕，就讓它留白，或許額外想要做什麼其他事情，那也都是賺到，都是加分。

　　就這樣，每天下班之後，不僅真的可以感受到放鬆開心，也在沒有壓力的安排裡，完成既定的行程，讓自己一點一滴往

前邁進，自我成就。因為這種體悟，讓我理解，

時間沒法管，
時間只能留。

雖然有人說認真做好時間管理，是提升自己創造財富的關鍵，就算沒有時間，認真擠一擠，時間還是可以擠出來的。

但是想想每天早上起床的第一個小時，常常是那麼樣的精神奕奕，感覺可以征服全世界；但是再想想每天下班後的那一個小時，常常是那麼樣的精疲力盡，感覺被全世界征服的服服貼貼。

同樣是一個小時，早上和晚上狀態的一個小時是完全不一樣的。因此可以很深切體會，要管的從來不是時間，而是我們的精力和能量。只有把能量最好的時間留下來，去進行最重要的事情，才能夠有效率和效能的提升自己價值，並奠基自己的致富幸福之路。

不要高估一年完成的事情，
但卻低估十年成就的功業。

少就是多，

慢就是快。

思考練習

檢視自己過去的經驗中，有沒有因為事情太多，導致整體執行成效不如預期；反而是把事情減少之後，因為游刃有餘，而讓結果有了超越期待的喜悅？

致富覺察：

培養點石成金的財富腦

作者·封面插畫 / 郝旭烈

責任編輯 / 高佩琳　　　**封面設計** / FE 設計　　　**內頁排版** / 鏍絲釘

總 編 輯：林麗文
主　　編：林宥彤、高佩琳、賴秉薇、蕭歆儀
執行編輯：林靜莉
行銷總監：祝子慧
行銷企劃：林彥伶

出　　版：幸福文化／遠足文化事業股份有限公司
地　　址：231 新北市新店區民權路 108-1 號 8 樓
粉 絲 團：https://www.facebook.com/happinessnbooks/
電　　話：(02) 2218-1417
傳　　真：(02) 2218-8057

發　　行：遠足文化事業股份有限公司
　　　　　(讀書共和國出版集團)
地　　址：231 新北市新店區民權路 108-2 號 9 樓
電　　話：(02) 2218-1417
傳　　真：(02) 2218-1142
電　　郵：service@bookrep.com.tw

郵撥帳號：19504465
客服電話：0800-221-029
網　　址：www.bookrep.com.tw

法律顧問：華洋法律事務所 蘇文生律師
印　　製：呈靖彩藝有限公司

初版一刷：西元 2024 年 5 月
初版五刷：西元 2024 年 8 月
定　　價：420 元

EAN：8667-106-517-669 (贈品版)
ISBN：978-626-7427-60-6 (平裝)
ISBN：978-626-7427-64-4 (EPUB)
ISBN：978-626-7427-63-7 (PDF)

國家圖書館出版品預行編目(CIP)資料

致富覺察 / 郝旭烈著. -- 初版. -- 新北市 ：
幸福文化出版社出版 ：遠足文化事業股份有限公司發行,
2024.05　面 ;　公分. --（富能量 ; 94）
ISBN 978-626-7427-60-6(平裝)

1.CST: 個人理財　2.CST: 投資

563　　　　　　　　　　　　　113005029